Rudolf Steiner

Sinneserfahrung und Bewusstsein

Rudolf Steiner

Sinneserfahrung und Bewusstsein

Ausbildung der unteren Chakren

Herausgegeben von
Harald Haas

RUDOLF STEINER VERLAG

1. Auflage 2020

Satz: Satz für Satz, Wangen im Allgäu
Einbandgestaltung: Manfred Christ
Konzept: Finken & Bumiller, Stuttgart
Druck und Bindung: Buch Theiss GmbH, St. Stefan im Lavanttal
Printed in Austria
ISBN: 978-3-7274-5283-3
www.steinerverlag.com

INHALT

I. EINLEITUNG

In dem von Rudolf Steiner beschriebenen Schulungsweg spielt die Ausbildung der astralen Wahrnehmungsorgane, der sogenannten Lotusblumen oder Chakren, eine wichtige Rolle. Immer wieder gibt er Übungen, die der Arbeit an diesen geistigen Wahrnehmungsorganen dienen. Besondere Bedeutung haben sie, wenn es darum geht, die Bewusstseinsstufe der Imagination zu erlangen. In einem Vortrag vom Juli 1906 ordnet Steiner die Ausbildung der Chakren explizit dieser untersten Stufe der geistigen Erkenntnis zu und kommt dann ausführlich auf die sieben Hauptchakren zu sprechen. Dort heißt es: «Die erste Stufe ist also die Imagination. Mit ihr hängt die Ausbildung der sogenannten Lotusblumen zusammen, der heiligen Räder oder – indisch – Chakras, die an ganz bestimmten Stellen des Körpers liegen. Man unterscheidet sieben solcher astralen Organe. Die erste, die zweiblättrige Lotusblume, ist in der Gegend der Nasenwurzel; die zweite, die sechzehnblättrige, liegt in der Höhe des Kehlkopfes; die dritte, die zwölfblättrige, in der Höhe des Herzens; die vierte, die acht- bis zehnblättrige, in der Nähe des Nabels; die fünfte, die sechsblättrige, etwas tiefer unten; die sechste, die vierblättrige, die mit allem, was Befruchtung ist, zusammenhängt, ist noch weiter unten; von der siebenten kann nicht ohne Weiteres gesprochen werden. Diese sechs Organe haben für die seelische Welt dieselbe Bedeutung wie die physischen Sinne für die Wahrnehmung der Sinnenwelt. Ein Bild dafür ist die sogenannte Swastika. Durch die genannten Übungen werden sie zuerst heller, dann beginnen sie sich zu bewegen.»

Schon diese Aufzählung macht deutlich, dass Steiners Schulungsweg, auf die Ausbildung eines sinnlichkeitsfreien Denkens und die drei höheren Erkenntnisarten Imagination, Inspiration und Intuition konzentriert – auch darin abweichend von der östlichen Tradition des Yoga –, von den oberen Chakren ausgeht. Im Zentrum der meisten anthroposophischen Darstellungen, die sich auf die Ausbildung der Chakren beziehen und dabei auf eine Entwicklung vom Kopf zum Herzen hin abheben, stehen daher für gewöhnlich Stirn-, Kehlkopf- und Herzchakra. In der bisherigen anthroposophischen Rezeption wurden die unteren Chakren zur Ausbildung des «Bauchgefühls», das zehnblättrige Sonnengeflechtchakra und das sechsblättirge Himmelsgeflechtchakra, dagegen wenig gewürdigt. Deutlich wird dies unter anderem im Buch *Die Belebung des Herzchakra. Ein Leitfaden zu den Nebenübungen Rudolf Steiners* von Florin Lowndes (Stuttgart 1996). Darin werden Rudolf Steiners Chakrenlehre und seine Ausführungen und Angaben zu den einzelnen Chakren ausführlich erläutert. Zum zehnblättrigen Chakra heißt es: «Hier scheinen keine weiteren Übungen angegeben. Stattdessen werden *fünf* bestimmte Bedingungen oder Richtungen klar, aber nicht systematisch angedeutet. Ob es sich um eine bestimmte Anzahl von Übungen handelt, ist nicht mehr so eindeutig zu erkennen.» Zum sechsblättrigen Chakra führt Florin Lowndes aus: «Hier ist noch schwieriger zu erkennen, ob überhaupt von irgendwelchen Übungen die Rede ist, denn es wird nur auf *drei* ziemlich allgemeine und fast prinzipielle Forderungen oder Richtungen für das Leben des Leibes, der Seele und des Geistes hingewiesen.»

Die vorliegende Textzusammenstellung will dieser Vernachlässigung der unteren Chakren entgegenwirken und aufzeigen, dass Rudolf Steiners Erkenntnisweg zur Imagination wesentlich auch von der Entwicklung des Sonnengeflecht- oder Solarplexuschakras ausgeht. Auch auf das sechsblättrige Himmelsgeflecht- oder Sakralchakra nimmt Steiner Bezug, wenn auch nicht im selben Ausmaß wie auf das Sonnengeflechtchakra. Keine Erwähnung findet hingegen, wie das obige Zitat Steiners bereits deutlich gemacht hat, das Wurzelchakra. Im Zentrum dieses Buches stehen daher Steiners Ausführungen zum zehnblättrigen Sonnengeflechtchakra. Die wichtigsten diesbezüglichen Stellen finden sich in Rudolf Steiners grundlegenden Schriften *Wie erlangt man Erkenntnisse der höheren Welten?* (GA 10) und *Die Geheimwissenschaft im Umriss* (GA 13). Insbesondere in dem Schulungsbuch *Wie erlangt man Erkenntnisse der höheren Welten?* gab Steiner im «Die Stufen der Einweihung» überschriebenen Kapitel Anweisungen für die innere Entwicklung; diesen Ausführungen lassen sich die als «Praktische Gesichtspunkte» und «Bedingungen zur Geheimschulung» bezeichneten Angaben zur Lebensführung zuordnen, die als Ergänzungen zur Entwicklung der unteren Chakren verstanden werden können. Ebenfalls zugezogen wurden für die Kapitel zum Sonnengeflecht- und zum Himmelsgeflechtchakra die Schulungshinweise, die Steiner seinen persönlichen esoterischen Schülern gab (GA 267); ihnen gegenüber formulierte er grundlegende Regeln, die es im Alltag zu beachten und nach denen es zu leben galt bzw. gilt. Diese entsprechen den Qualitäten für die Entwicklung des Sonnengeflechtchakras aus den Beschreibungen von *Wie erlangt man Erkenntnisse der höheren Welten?*. Sie werden deshalb jeweils miteinander wiedergegeben: die Textpassagen aus den «Allgemeinen Regeln» oder «Anforderungen, die ein jeder an sich selbst stellen muss, der eine okkulte Entwickelung durchmachen will», die zugehörigen Stellen aus *Wie erlangt man Erkenntnisse der höheren Welten?* und Auszüge aus der *Geheimwissenschaft im Umriss*.

Parallelen zur traditionellen buddhistischen Chakrenlehre bzw. der entsprechenden Übungsliteratur lassen sich am ehesten in Ausführungen zum Zen-Buddhismus ausmachen, unter anderem in Karlfried Graf Dürkheims *Der Alltag als Übung. Vom Weg zur Verwandlung* (Bern, 11. Aufl. 2012) oder bei Barbara Ann Brennan, die von der traditionellen Chakrenlehre ausgeht, insbesondere in ihrem Buch *Licht-Arbeit. Heilen mit Energiefeldern* (München, 1982), wobei letztere Darstellung auch von Florin Lowndes in seinem oben genannten Buch auszugsweise zitiert wird.

Da die Ähnlichkeiten der Darstellung bei Karlfried Graf Dürkheim zu Rudolf Steiners Ausführungen bezüglich der unteren Chakren am ausgeprägtesten sind, sollen sie hier noch kurz erwähnt werden. In *Der Alltag als Übung* erwähnt Dürkheim den Ausdruck *Chakra* an keiner Stelle. Trotzdem wird die Entwicklung des Sakral- und des Sonnengeflechtchakras mit Hinweisen auf das Zusammenwirken von Person (Geist), Seele und Leib sowie auf die fünf «ununterbrochenen Übungen» zum «Rad der Verwandlung» beschrieben: «Es entfaltet sich der Mensch, verstanden als Person, Leib und Seele umgreifend, in jeder *Ausdrucksgebärde,* vor allem aber in seinen Haltungen, seinem *Spannungscharakter* und in seinem *Atem.* All dies ist nie nur *‹körperlich›* zu verstehen. Fehlhaltungen, Fehlspannungen und Fehlatem sind Erscheinungsweisen der Undurchlässigkeit und Ungeformtheit des ganzen Menschen. [...] Und eben diese Erkenntnis ist es, die uns das weiteste und jedem zugängliche Feld öffnet, auf dem der Alltag selbst zur Übung gemacht werden kann: das leibhaftige Da-Sein und Verhalten in der Welt.» Dürkheim führt ergänzend den Begriff *Hara* ein, der das geistige Zentrum im Unterleib bezeichnet und mit dem Sakralchakra gleichgestellt werden kann. Bei Dürkheim können folgende Übungsangaben als dem Sonnengeflechtchakra zugehörend angesehen werden: «Da ferner das Preiszugebende in seiner Wesenswidrigkeit bemerkt, der in den Willen aufgenommene Gestaltkern nur in der Bewährung verwirklicht werden kann (Reintegration mit dem Welt-Ich), hat das Rad der Verwandlung fünf Speichen: 1. Bewährung der kritischen Wachheit. 2. Loslassen dessen, was dem Weiterwerden im Weg steht. 3. Einswerden mit dem Grund. 4. Neuwerden aus dem ihm entsteigenden Inbild. 5. Bezeugung und Bewährung im Alltag (deren Nichtgelingen wiederum von der kritischen Wachheit bemerkt wird).» Beim näheren Studium dieser Anforderungen aus dem Buch *Der Alltag als*

Übung wird man eine gewisse Übereinstimmung mit den unten aufgeführten Angaben Steiners empfinden können. Doch geht Rudolf Steiner nicht von Leibübungen aus, auch wenn sich bei ihm sehr wohl mantrische Übungen finden, bei denen der Atem mitbeteiligt ist.

Der dreistufige Erkenntnisweg lässt sich durch Steiners ganzes Werk hindurch verfolgen. Ausgehend von Goethes «anschauender Urteilskraft» und Schillers Ideen zur Freiheit, wie er sie in seinen frühen Schriften *Grundlinien einer Erkenntnistheorie der Goetheschen Weltanschauung mit besonderer Berücksichtigung von Schiller* (GA 2) und *Goethes Weltanschauung* (GA 6) darlegte, gelangte Rudolf Steiner kontinuierlich zu dem, was er später in Vorträgen als «Lichtseelenprozess» und «neuen Yogawillen» bezeichnete. Dabei verstand Steiner in den Neuauflagen der beiden erstgenannten Bücher das dort Veröffentlichte als «Keime» und als Voraussetzung seiner Geisteswissenschaft und seiner späteren anthroposophisch-geisteswissenschaftlichen Veröffentlichungen in Text- und Vortragsform.

In ihrer Grundform wird die Erkenntnisart Goethes, die Steiner in seinem späteren Werk als eine ihm selbst nicht bewusste Imagination charakterisierte, zunächst noch, der Zeit entsprechend, als «intuitive Denkungsart oder Intuition» bezeichnet. Hinzu kam von Beginn an der für die Entwicklung des menschlichen Geistes eminent bedeutende Aspekt der Freiheit, der nicht von Goethe, sondern von Friedrich Schiller (insbesondere seinen Briefen *Über die ästhetische Erziehung des Menschen*) ausging und die geisteswissenschaftliche Erkenntnismethode notwendigerweise ergänzte. Steiner formulierte dies in seiner *Philosophie der Freiheit* (GA 4), die er später auch explizit für die Schulung eines sinnlichkeitsfreien Denkens empfahl.

Im ersten Kapitel dieser Textzusammenstellung geht es um die Ausbildung der Chakren als solcher, wie sie Rudolf Steiner in allgemeiner Form in *Wie erlangt man Erkenntnisse der höheren Welten?* beschrieben hat. Es geht dabei um grundlegende Fragen zur Geistesschulung und zu diesen geistigen Wahrnehmungsorganen. Differenziert werden hier übersinnliche Wahrnehmungen geschildert, die bei der Ausbildung der seelischen Wahrnehmungsorgane, der Chakren, auftreten. Dabei soll der Erkenntnisschüler, wie Steiner betont, keine Übungen übernehmen, deren Wirkung er nicht kennt und überschauen kann. Ergänzend dazu lässt sich eine Passage aus der *Geheimwissenschaft im Umriss* anführen, in der Steiner erklärt, dass die Bildung der Chakren als aktive, «tätige» Sinnesorgane durch die Meditation geschieht, wobei eine Haltung der «Geduld und Ergebung» notwendig sei.

Darauf aufbauend werden im zweiten Kapitel die Vor- oder Nebenübungen angeführt, die Steiner zur Ausbildung des Herzchakras gegeben hat. Sie bilden eine allgemeine Grundlage für die Geistesschulung und ihre Praktiken zur Ausbildung der Chakren. Kapitel drei und vier widmen sich ausführlich den beiden unteren Chakren: dem Sonnengeflechtchakra mit seiner eminenten Bedeutung auch in der Entwicklungsgeschichte des Menschen und dem Himmelsgeflechtchakra. Wie oben bereits erwähnt, sind hier die einschlägigen Textstellen aus *Wie erlangt man Erkenntnisse der höheren Welten?* (GA 10) und *Die Geheimwissenschaft im Umriss* (GA 13) wiedergegeben. Insbesondere in den Kapiteln «Bedingungen zur Geheimschulung» und «Praktische Gesichtspunkte» aus *Wie erlangt man Erkenntnisse der höheren Welten?* sowie dem «Erkenntniskapitel» der *Geheimwissenschaft im Umriss* ist schon ein Übergang, eine Grundlage zur Entwicklung der Inspiration zu bemerken, wie dies Rudolf Steiner selbst anfügt. Im fünften Kapitel geht es schließlich nochmals um die Frage der Imagination und des übersinnlichen Wahrnehmens. Hier wird der neue, von Steiner vorgeschlagene rosenkreuzerische Schulungsweg dem traditionellen östlichen Yogaweg gegenübergestellt. Das Ende des Bandes macht eine Sammlung von Meditationen Rudolf Steiners, die zur Ausbildung der unteren Chakren dienlich sein können.

II. DIE CHAKREN UND IHRE AUSBILDUNG

Bereits in einem der ersten Artikel zur übersinnlichen Erkenntnis, den Rudolf Steiner 1903 in der Zeitschrift Luzifer *publizierte und der später als Kapitel der Schrift* Wie erlangt man Erkenntnisse der höheren Welten? *erschien, greift Steiner zum Thema der «Vorbereitung» der Stufen der Einweihung das Motiv der Pflanzenbetrachtung Goethes auf und verbindet es mit einer vertieften seelischen Empfindung: «Wer oft die Aufmerksamkeit auf den Vorgang des Werdens, des Gedeihens, des Blühens gelenkt hat, der wird etwas fühlen, was der Empfindung bei einem Sonnenaufgang entfernt ähnlich ist. Und aus dem Vorgang des Welkens, Absterbens wird sich ihm ein Erlebnis ergeben, das in ebensolcher Art mit dem langsamen Aufsteigen des Mondes im Gesichtskreis zu vergleichen ist.» Hier ist deutlich greifbar, wie der äußere Lichteindruck mit der Empfindung des Seelischen verbunden wird, was Steiner später als «Lichtseelenprozess» bezeichnete.*

Aus den Erlebnissen der Pflanzenbetrachtung, aber auch aus der des Tieres können nach dieser Methode übersinnliche Lichteindrücke entstehen, die Steiner später in Wie erlangt man Erkenntnisse der höheren Welten? *als imaginative beschreibt: «Eine blühende Blume zaubert vor seine Seele eine ganz bestimmte Linie, ebenso ein im Wachsen begriffenes Tier oder ein im Absterben befindlicher Baum.» Gefühle und Gedanken sind dabei als ebenso wirklich anzusehen wie die Tische und Stühle der physisch-sinnlichen Welt. Voraussetzung für das innere Erleben ist weiterhin das Studium von Mitteilungen der geistigen Forschung, was die seelische Reifung, den «See-*

lenprozess» unterstützt: «Und während du den Worten eines Geheimkundigen folgst, während du ein Buch liest, das einer wirklichen inneren Erfahrung entstammt, wirken in deiner Seele Kräfte, welche dich ebenso hellsehend machen, wie die Naturkräfte aus lebendigem Stoffe deine Augen und Ohren gebildet haben.» – Nimmt man diese Mitteilung konkret, so bedeutet sie, dass der Lehrer, der Guru, bei der Geheimschulung nicht mehr physisch anwesend sein muss. Die Ausführungen im Buch treten an seine Stelle.

Schon das Vorwort zur ersten Buchausgabe von Wie erlangt man Erkenntnisse der höheren Welten? *enthält grundsätzliche Hinweise für die richtige Anwendung der folgenden Seelenübungen. Es heißt hier unter anderem: «Eine Übung kann richtig verstanden, auch richtig ausgeführt sein; und dennoch kann sie unrichtig wirken, wenn nicht von dem Ausführenden ihr eine andere Übung hinzugefügt wird, welche die Einseitigkeit der ersten zu einer Harmonie der Seele auslöst. Wer diese Schrift intim liest, sodass ihm Lesen wie ein innerliches Erleben wird, der wird sich nicht nur mit dem Inhalte bekannt machen, sondern auch an dieser Stelle dieses, an einer anderen jenes Gefühl haben; und dadurch wird er erkennen, welches Gewicht für die Seelenentwickelung dem einen oder dem anderen zukommt. Er wird auch herausfinden, in welcher Form er diese oder jene Übung, nach seiner besonderen Individualität, gerade bei sich versuchen sollte.» Und auch: «Diejenigen Personen werden die Wahrheit des hier Dargestellten am besten erproben, welche sie in sich selbst verwirklichen. Wer solch eine Absicht hat, wird guttun, sich immer wieder zu sagen, dass bei Darstellung der Seelenentwickelung mehr notwendig ist als ein solches Bekanntwerden mit dem Inhalte, wie es bei anderen Ausführungen oftmals angestrebt wird. Ein intimes Hineinleben in die Darstellung ist notwendig; die Voraussetzung soll man machen, dass man die eine Sache nicht nur durch das begreifen soll, was über sie selbst gesagt wird, sondern durch manches, was über ganz anderes mitgeteilt wird. Man wird so die Vorstellung erhalten, dass nicht in einer Wahrheit das Wesentliche liegt, sondern in dem Zusammenstimmen aller. Wer Übungen ausführen will, muss das ganz ernstlich bedenken.»*

In der Schrift Wie erlangt man Erkenntnisse der höheren Welten? *skizziert Rudolf Steiner sodann drei Stufen des Schulungswegs: Vorbereitung, Erleuchtung und Einweihung, die sich je nach individuellem Fortschreiten des Schülers auch überschneiden können. Da seine Ausführungen hierzu einen grundlegenden Charakter für jegliche Ausbildung des Seelenlebens haben, seien sie an den Anfang gestellt. Im Weiteren geht es dann um die Schilderung übersinnlicher Wahrnehmungen, die bei der Ausbildung der Chakren auftreten können. Ein Prinzip der Chakren-Bildung mittels der jeweiligen Nebenübungen ist, dass die Hälfte der Blätter der «Lotusblumen» in früheren Zeitaltern schon unbewusst gebildet wurde und auch schon aktiv war, was sich bis in die heutige Zeit zunächst verloren hat. Nun ist es nach Steiner notwendig, die andere Hälfte der Blätter bewusst auszubilden, damit alle dem ätherisch-seelischen Wahrnehmungsorgan dienen können. Weiterhin ist es eine Eigenheit für die Ausbildung aller Chakren, dass jeweils eine Nebenübung weniger angegeben ist, als bewusst ausgebildet werden sollte, was bedeutet, dass es für die sechs Blätter des Herzchakras fünf Übungen, für die fünf Blätter des Sonnengeflechtchakras vier Übungen und für die acht Blätter des Kehlkopfchakras sieben Übungen gibt. Für das jeweils letzte Blatt der Lotusblumen ist die Übung eine Zusammenfassung der vorhergehenden im Sinne der Verbindung aller übrigen auszubildenden Blätter beziehungsweise eine «Meditation».*

Auch in dem Buch Die Geheimwissenschaft im Umriss *wird die Ausbildung der Chakren als aktive, ‹tätige› Sinnesorgane durch Meditation beschrieben. Hier findet sich ebenfalls eine kurze Auflistung der Chakren als seelischer Wahrnehmungsorgane und der mit ihrer Ausbildung verbundenen Fähigkeiten des imaginativen Erkennens von Verwandlungen im Übersinnlichen. Dies führe von der Stufe der «Vorbereitung» zur «Erleuchtung». In diesem Textauszug wird deutlich, dass Rudolf Steiner in seiner* Geheimwissenschaft *aus dem Jahr 1913 die Bezeichnung der «Stufen der Erkenntnis» aus* Wie erlangt man Erkenntnisse der höheren Welten? *beibehält.*

DIE VORBEREITUNG

Die Vorbereitung besteht in einer ganz bestimmten Pflege des Gefühls- und Gedankenlebens. Durch diese Pflege werden Seelen- und Geistesleib mit höheren Sinneswerkzeugen und Tätigkeitsorganen begabt, wie die Naturkräfte den physischen Leib aus unbestimmter lebendiger Materie mit Organen ausgerüstet haben.

Der Anfang muss damit gemacht werden, die Aufmerksamkeit der Seele auf gewisse Vorgänge in der uns umgebenden Welt zu lenken. Solche Vorgänge sind das sprießende, wachsende und gedeihende Leben einerseits, und alle Erscheinungen, die mit Verblühen, Verwelken, Absterben zusammenhängen, anderseits. Überall, wohin der Mensch die Augen wendet, sind solche Vorgänge gleichzeitig vorhanden. Und überall rufen sie naturgemäß auch in dem Menschen Gefühle und Gedanken hervor. Aber nicht genug gibt sich, unter gewöhnlichen Verhältnissen, der Mensch diesen Gefühlen und Gedanken hin. Dazu eilt er viel zu rasch von einem Eindruck zum anderen. Es handelt sich darum, dass er intensiv die Aufmerksamkeit ganz bewusst auf diese Tatsachen lenke. Er muss, wo er Blühen und Gedeihen einer ganz bestimmten Art wahrnimmt, alles andere aus seiner Seele verbannen und sich kurze Zeit ganz allein *diesem einen* Eindrucke überlassen. Er wird sich bald überzeugen, dass ein Gefühl, das in einem solchen Falle durch seine Seele früher nur durchgehuscht ist, anschwillt, dass es eine kräftige und energische Form annimmt. Diese Gefühlsform muss er dann ruhig in sich nachklingen lassen. Er muss dabei ganz still in seinem Innern werden. Er muss sich abschließen von der übrigen Außenwelt und ganz allein dem folgen, was seine Seele zu der Tatsache des Blühens und Gedeihens sagt.

Dabei soll man nur ja nicht glauben, dass man weit kommt, wenn man seine *Sinne* etwa stumpf macht gegen die Welt. Erst schaue man so lebhaft, so genau, als es nur irgend möglich ist, die Dinge an. *Dann* erst gebe man sich dem in der Seele auflebenden Gefühle, dem aufsteigenden Gedanken hin. Worauf es ankommt, ist, dass man auf *beides*, im völligen inneren Gleichgewicht, die Aufmerksamkeit richte. Findet man die nötige Ruhe und gibt man sich dem hin, was in der Seele auflebt, dann wird man, nach entsprechender Zeit, das Folgende *erleben.* Man wird neue Arten von Gefühlen und Gedanken in seinem Innern aufsteigen sehen, die man vorher nicht gekannt hat. Je öfter man in einer solchen Weise die Aufmerksamkeit auf etwas Wachsendes, Blühendes und Gedeihendes und damit abwechselnd auf etwas Welkendes, Absterbendes lenkt, desto lebhafter werden diese Gefühle werden. Und aus den Gefühlen und Gedanken, die so entstehen, bauen sich die Hellseherorgane ebenso auf, wie sich durch Naturkräfte aus belebtem Stoffe Augen und Ohren des physischen Körpers aufbauen. Eine ganz bestimmte Gefühlsform knüpft sich an das Wachsen und Werden; eine andere ganz bestimmte an das Verwelken und Absterben. Aber nur dann, wenn die Pflege dieser Gefühle auf die beschriebene Art angestrebt wird. Es ist möglich, annähernd richtig zu beschreiben, wie diese Gefühle sind. Eine vollständige Vorstellung kann sich davon jeder selbst verschaffen, indem er diese inneren Erlebnisse durchmacht. Wer oft die Aufmerksamkeit auf den Vorgang des Werdens, des Gedeihens, des Blühens gelenkt hat, der wird etwas fühlen, was der Empfindung bei einem Sonnenaufgang *entfernt ähnlich* ist. Und aus dem Vorgang des Welkens, Absterbens wird sich ihm ein Erlebnis ergeben, das in ebensolcher Art mit dem langsamen Aufsteigen des Mondes im Gesichtskreis zu vergleichen ist. Diese beiden Gefühle sind zwei Kräfte, die bei gehöriger Pflege, bei immer lebhafter werdender Ausbildung zu den bedeutsamsten geistigen Wirkungen führen. Wer sich immer wieder und wieder planmäßig, mit Vorsatz, solchen Gefühlen überlässt, dem eröffnet sich eine neue Welt. Die Seelenwelt, der sogenannte astrale Plan, beginnt vor ihm aufzudämmern. Wachsen und Vergehen bleiben für ihn nicht mehr Tatsachen, die ihm solch unbestimmte Eindrücke machen wie vorher. Sie formen sich vielmehr zu geistigen Linien und Figuren, von denen er vorher nichts ahnte. Und diese Linien und Figuren haben für die verschiedenen Erscheinungen auch verschiedene Gestalten. Eine blühende Blume zaubert vor seine Seele eine ganz bestimmte Linie, ebenso ein im Wachsen begriffenes Tier oder ein im Absterben befindlicher Baum. Die Seelenwelt (der astrale Plan) breitet sich langsam vor ihm aus. Nichts Willkürliches liegt in diesen Linien und Figuren. Zwei Geheimschüler, die sich auf der entsprechenden Stufe der Ausbildung befinden, werden bei dem gleichen Vorgange stets dieselben Linien und Figuren sehen. So gewiss zwei richtig sehende Menschen einen runden Tisch rund sehen, und nicht einer rund und der andere viereckig, so gewiss stellt sich vor zwei Seelen beim Anblicke einer blühenden Blume dieselbe geistige Gestalt. – So wie die Gestalten der Pflanzen und Tiere in der gewöhnlichen Naturgeschichte beschrieben werden, so beschreibt oder zeichnet der Kenner der Geheimwissenschaft die geistigen Gestalten der Wachstums- und Absterbensvorgänge nach Gattungen und Arten.

Wenn der Schüler so weit ist, dass er solch geistige Gestalten von Erscheinungen sehen kann, die sich seinem äußeren Auge auch physisch zeigen: dann wird er auch nicht weit entfernt sein von der Stufe, Dinge zu sehen, die kein physisches Dasein haben, die also dem ganz verborgen (okkult) bleiben müssen, der keine Unterweisung in der Geheimlehre erhalten hat.

Zu betonen ist, dass der Geheimforscher sich nicht in ein Nachsinnen verlieren soll, was dieses oder jenes Ding *bedeutet*. Durch solche Verstandesarbeit bringt er sich nur von dem rechten Wege ab. Er soll frisch, mit gesundem Sinne, mit scharfer Beobachtungsgabe in die Sinnenwelt sehen und dann sich seinen Gefühlen überlassen. Was die Dinge bedeuten, das soll nicht er mit spekulierendem Verstande ausmachen wollen, sondern er soll es sich von den Dingen selbst sagen lassen.*

Ein Weiteres, worauf es ankommt, ist das, was die Geheimwissenschaft die *Orientierung* in den höheren Welten nennt. Man gelangt dazu, wenn man sich ganz von dem Bewusstsein durchdringt, dass Gefühle und Gedanken *wirkliche Tatsachen* sind, genau so wie Tische und Stühle in der physisch-sinnlichen Welt. In der seelischen und in der Gedankenwelt wirken Gefühle und

* Bemerkt soll werden, dass *künstlerisches* Empfinden, gepaart mit einer stillen, in sich versenkten Natur, die beste Vorbedingung für die Entwickelung der geistigen Fähigkeiten ist. Dieses Empfinden dringt ja durch die Oberfläche der Dinge hindurch und gelangt dadurch zu deren Geheimnissen.

Gedanken aufeinander wie in der physischen die sinnlichen Dinge. Solange jemand nicht lebhaft von diesem Bewusstsein durchdrungen ist, wird er nicht glauben, dass ein verkehrter Gedanke, den er hegt, auf andere Gedanken, die den Gedankenraum beleben, so verheerend wirken kann wie eine blindlings losgeschossene Flintenkugel für die physischen Gegenstände, die sie trifft. Ein solcher wird sich vielleicht niemals erlauben, eine physisch-sichtbare Handlung zu begehen, die er für sinnlos hält. Er wird aber nicht davor zurückschrecken, verkehrte Gedanken oder Gefühle zu hegen. Denn diese erscheinen ihm ungefährlich für die übrige Welt. In der Geheimwissenschaft kann man aber nur vorwärtskommen, wenn man auf seine Gedanken und Gefühle ebenso achtet, wie man auf seine Schritte in der physischen Welt achtet. Wenn jemand eine Wand sieht, so versucht er nicht, geradewegs durch dieselbe durchzurennen; er lenkt seine Schritte seitwärts. Er richtet sich eben nach den Gesetzen der physischen Welt. – Solche Gesetze gibt es nun auch für die Gefühls- und Gedankenwelt. Nur können sie dem Menschen da nicht von außen sich aufdrängen. Sie müssen aus dem Leben seiner Seele selbst fließen. Man gelangt dazu, wenn man sich jederzeit verbietet, verkehrte Gefühle und Gedanken zu hegen. Alles willkürliche Hin- und Hersinnen, alles spielerische Phantasieren, alle zufällig auf- und abwogenden Gefühle muss man sich in dieser Zeit verbieten. Man macht sich dadurch nicht gefühlsarm. Man wird nämlich bald finden, dass man reich an Gefühlen, schöpferisch in wahrer Phantasie erst wird, wenn man in solcher Art sein Inneres regelt. An die Stelle kleinlicher Gefühlsschwelgerei und spielerischer Gedankenverknüpfung treten bedeutsame Gefühle und fruchtbare Gedanken. Und diese Gefühle und Gedanken führen den Menschen dazu, sich in der geistigen Welt zu *orientieren*. Er kommt in richtige Verhältnisse zu den Dingen der Geisteswelt. Eine ganz bestimmte Wirkung tritt für ihn ein. Wie er als physischer Mensch seinen Weg findet zwischen den physischen Dingen, so führt ihn jetzt sein Pfad zwischen *Wachsen* und *Absterben*, die er ja auf dem oben bezeichneten Weg kennenlernt, hindurch. Er folgt dann allem Wachsenden, Gedeihenden und auch anderseits allem Verwelkenden und Absterbenden so, wie es zu seinem und der Welt Gedeihen erforderlich ist.

Eine weitere Pflege hat der Geheimschüler der Welt der *Töne* angedeihen zu lassen. Man unterscheide da zwischen dem Tone, der durch das sogenannte *Leblose* (einen fallenden Körper, eine Glocke oder ein Musikinstrument) hervorgebracht wird, und dem, welcher von Lebendigem (einem Tiere oder Menschen) stammt. Wer eine Glocke hört, wird den Ton wahrnehmen und ein angenehmes Gefühl daran knüpfen; wer den Schrei eines Tieres hört, wird außer diesem Gefühl in dem Tone noch die Offenbarung eines inneren Erlebnisses des Tieres, Lust oder Schmerz, verspüren. Bei der letzteren Art von Tönen hat der Geheimschüler einzusetzen. Er soll seine ganze Aufmerksamkeit darauf lenken, dass der Ton ihm etwas verkündet, was außer der eigenen Seele liegt. Und er soll sich versenken in dieses Fremde. Er soll sein Gefühl innig verbinden mit dem Schmerz oder der Lust, die ihm durch den Ton verkündet werden. Er soll darüber hinweg sich setzen, was *für ihn* der Ton ist, ob er ihm angenehm oder unangenehm ist, wohlbehaglich oder missfällig; nur das soll seine Seele erfüllen, was in dem Wesen vorgeht, von dem der Ton kommt. Wer planmäßig und mit Vorbedacht solche Übungen macht, der wird sich dadurch die Fähigkeit aneignen, mit einem Wesen, sozusagen, zusammenzufließen, von dem der Ton ausgeht. Einem musikalisch empfindenden Menschen wird solche Pflege seines Gemütslebens leichter sein als einem unmusikalischen. Doch darf niemand glauben, dass der musikalische Sinn schon diese Pflege ersetzt. Man muss, als Geheimschüler, in dieser Art der *ganzen Natur* gegenüber empfinden lernen. – Und dadurch senkt sich in Gefühls- und Gedankenwelt eine neue Anlage. Die ganze Natur fängt an, dem Menschen durch ihr Ertönen Geheimnisse zuzuraunen. Was vorher seiner Seele unverständlicher Schall war, wird dadurch sinnvolle *Sprache der Natur*. Und wobei er vorher nur Ton gehört hat, beim Erklingen des sogenannten Leblosen, vernimmt er jetzt eine neue Sprache der Seele. Schreitet er in solcher Pflege seiner Gefühle vorwärts, dann wird er bald gewahr, dass er *hören* kann, wovon er vorher nichts vermutet hat. Er fängt an, *mit der Seele* zu hören.

Dazu muss dann noch etwas anderes kommen, um zum Gipfel zu gelangen, der auf diesem Gebiete zu erreichen ist. – Was für die Ausbildung des Geheimschülers ganz besonders wichtig ist, das ist die Art, wie er anderen Menschen beim Sprechen *zuhört*. Er muss sich daran gewöhnen, dies so zu tun, dass dabei sein eigenes Innere vollkommen *schweigt.* Wenn jemand eine Meinung äußert, und ein anderer hört zu, so wird sich im Innern des Letzteren im Allgemeinen Zustimmung oder Widerspruch regen. Viele Menschen werden wohl auch sofort sich gedrängt fühlen, ihre zustimmende und namentlich ihre widersprechende Meinung zu äußern. Alle solche Zustimmung und allen solchen Widerspruch muss der Geheimschüler zum Schweigen bringen. Es kommt dabei nicht darauf an, dass er plötzlich seine Lebensart so ändere, dass er solch inneres, gründliches Schweigen fortwährend zu erreichen sucht. Er wird damit den Anfang machen müssen, dass er es in einzelnen Fällen tut, die er sich mit Vorsatz auswählt. Dann wird sich ganz langsam und allmählich, wie von selbst, diese ganz neue Art des Zuhörens in seine Gewohnheiten einschleichen. – In der Geistesforschung wird solches planmäßig geübt. Die Schüler fühlen sich verpflichtet, übungsweise zu gewissen Zeiten sich die entgegengesetztesten Gedanken anzuhören und dabei alle Zustimmung und namentlich alles abfällige Urteilen vollständig zum Verstummen zu bringen. Es kommt darauf an, dass dabei nicht nur alles verstandesmäßige Urteilen schweige, sondern auch alle Gefühle des Missfallens, der Ablehnung oder auch Zustimmung. Insbesondere muss sich der Schüler stets sorgfältig beobachten, ob nicht solche Gefühle, wenn auch nicht an der Oberfläche, so doch im intimsten Innern seiner Seele vorhanden seien. Er muss sich z. B. die Aussprüche von Menschen anhören, die in irgendeiner Beziehung weit unter ihm stehen, und muss dabei *jedes* Gefühl des Besserwissens oder der Überlegenheit unterdrücken. – Nützlich ist es für jeden, in solcher Art Kindern zuzuhören. Auch der Weiseste kann unermesslich viel von Kindern lernen. – So bringt es der Mensch dazu, die Worte des anderen ganz *selbstlos* zu hören, mit vollkommener Ausschaltung seiner eigenen Person, deren Meinung und Gefühlsweise. Wenn er sich so übt, kritiklos zuzuhören, auch dann, wenn die völlig entgegengesetzte Meinung vorgebracht wird, wenn das «Verkehrteste» sich vor ihm abspielt, dann lernt er nach und nach mit dem Wesen eines anderen vollständig zu verschmelzen, ganz in dasselbe aufzugehen. Er hört dann durch die Worte hindurch in des anderen Seele hinein. Durch anhaltende Übung solcher Art wird erst der Ton das rechte Mittel, um Seele und Geist wahrzunehmen. Allerdings gehört dazu die allerstrengste Selbstzucht. Aber diese führt zu einem hohen Ziele. Wenn diese Übungen nämlich in Verbindung mit den anderen getrieben werden, die angegeben worden sind bezüglich des Tönens in der Natur, so erwächst der Seele ein neuer Hörsinn. Sie wird imstande, Kundgebungen aus der geistigen Welt wahrzunehmen, die nicht ihren Ausdruck finden in äußeren Tönen, die für das physische Ohr wahrnehmbar sind. Die Wahrnehmung des «inneren Wortes» erwacht. Dem Geheimschüler offenbaren sich allmählich von der Geisteswelt aus Wahrheiten. Er hört auf geistige Art zu sich sprechen.

(Wie erlangt man Erkenntnisse der höheren Welten?, 1909)

Die Erleuchtung geht von sehr einfachen Vorgängen aus. Auch dabei handelt es sich darum, gewisse Gefühle und Gedanken zu entwickeln, die in jedem Menschen schlummern und die erwachen müssen. Nur wer mit voller Geduld, streng und anhaltend die einfachen Vorgänge durchnimmt, den können sie zur Wahrnehmung der inneren Lichterscheinungen führen. Der erste Anfang wird damit gemacht, in einer bestimmten Art verschiedene Naturwesen zu betrachten, und zwar zum Beispiele: einen durchsichtigen, schön geformten Stein (Kristall), eine Pflanze und ein Tier. Man suche zuerst seine ganze Aufmerksamkeit auf einen Vergleich des Steines mit dem Tier in folgender Art zu lenken. Die Gedanken, die hier angeführt werden, müssen, von lebhaften Gefühlen begleitet, durch die Seele ziehen. Und kein anderer Gedanke, kein anderes Gefühl dürfen sich einmischen und die intensiv aufmerksame Betrachtung stören. Man sage sich: «Der Stein hat eine Gestalt; das Tier hat auch Gestalt. Der Stein bleibt *ruhig* an seinem Ort. Das Tier verändert seinen Ort. Es ist der Trieb (die Begierde), welcher das Tier veranlasst, seinen Ort zu ändern. Und die Triebe sind es auch, denen die Gestalt des Tieres dient. Seine Organe, seine Werkzeuge sind diesen Trieben gemäß ausgebildet. Die Gestalt des Steins ist nicht nach Begierden, sondern durch begierdelose Kraft gebildet.»* Wenn man sich intensiv in diese

* Die hier gemeinte Tatsache, insofern sie sich auf Kristallbeobachtung bezieht, ist von solchen, die nur in äußerlicher Weise (exoterisch) davon gehört haben, in mancherlei Art verdreht wor-

Gedanken versenkt und dabei mit gespannter Aufmerksamkeit Stein und Tier betrachtet: dann leben in der Seele zwei ganz verschiedene Gefühlsarten auf. Aus dem Stein strömt die eine Art des Gefühls, aus dem Tiere die andere Art in unsere Seele. Die Sache wird wahrscheinlich im Anfange nicht gelingen: aber nach und nach, bei wirklicher geduldiger Übung, werden sich diese Gefühle einstellen. Man muss nur immerfort und fort üben. Erst sind die Gefühle nur so lange vorhanden, als die Betrachtung dauert, später wirken sie nach. Und dann werden sie zu etwas, was in der Seele lebendig bleibt. Der Mensch braucht sich dann nur zu besinnen: und die beiden Gefühle steigen immer, auch ohne Betrachtung eines äußeren Gegenstandes, auf. – Aus diesen Gefühlen und den mit ihnen verbundenen Gedanken bilden sich *Hellseherorgane.*

Tritt dann in der Betrachtung noch die Pflanze hinzu, so wird man bemerken, dass das von ihr ausgehende Gefühl, seiner Beschaffenheit und auch seinem Grade nach, in der Mitte liegt zwischen dem vom Stein und dem vom Tier ausströmenden. Die Organe, welche sich auf solche Art bilden, sind *Geistesaugen.* Man lernt mit ihnen allmählich etwas wie seelische und geistige Farben zu sehen. Solange man nur das sich angeeignet hat, was als «Vorbereitung» beschrieben worden ist, bleibt

den, woraus Verrichtungen wie «Kristallsehen» usw. entstanden sind. Derlei Manipulationen beruhen auf Missverständnissen. Sie sind in vielen Büchern beschrieben worden. Aber sie bilden niemals den Gegenstand wahren (esoterischen) Geheimunterrichtes.

die geistige Welt mit ihren Linien und Figuren dunkel; durch die Erleuchtung wird sie hell. – Auch hier muss bemerkt werden, dass die Worte «dunkel» und «hell» sowie die anderen gebrauchten Ausdrücke nur annähernd aussprechen, was gemeint ist. Will man sich aber der gebräuchlichen Sprache bedienen, so ist nichts anderes möglich. Diese Sprache ist ja nur für die physischen Verhältnisse geschaffen. [...]

Hat der Mensch einmal die Fähigkeit erworben, mit «Geistesaugen» zu sehen, so begegnet er auch, über kurz oder lang, den genannten höheren, zum Teil auch tieferen Wesen, als der Mensch ist, die niemals die physische Wirklichkeit betreten.

Hat der Mensch es so weit gebracht, wie hier beschrieben ist, so stehen ihm die Wege zu vielem offen. Aber es ist keinem anzuraten, noch weiter zu gehen ohne sorgfältige Beachtung des vom Geistesforscher Gesagten oder sonst von ihm Mitgeteilten. Und auch für das schon Gesagte ist eine Beachtung solcher kundigen Führerschaft das Allerbeste. Hat übrigens der Mensch in sich die Kraft und Ausdauer, es so weit zu bringen, wie es den angegebenen elementaren Stufen der Erleuchtung entspricht, so wird er ganz gewiss auch die rechte Führung suchen und finden.

Eine Vorsicht ist aber unter allen Umständen notwendig, und wer sie nicht anwenden will, der soll am besten alle Schritte in die Geheimwissenschaft unterlassen. Es ist notwendig, dass der Mensch, der Geheimschüler wird, nichts verliere von seinen Eigenschaften als edler, guter und für alles physisch Wirkliche empfänglicher Mensch. Er muss im Gegenteile seine moralische Kraft, seine innere Lauterkeit, seine Beobachtungsgabe während der Geheimschülerschaft fortwährend steigern. Um ein Einzelnes zu erwähnen: Während der elementaren Erleuchtungsübungen muss der Geheimschüler dafür sorgen, dass er sein Mitgefühl für die Menschen- und Tierwelt, seinen Sinn für Schönheit der Natur immerfort vergrößere. Sorgt er nicht dafür, so stumpfen sich jenes Gefühl und dieser Sinn durch solche Übungen fortwährend ab. Das Herz würde hart, der Sinn stumpf. Und das müsste zu gefährlichen Ergebnissen führen. [...]

Durch die hier vorgezeichneten Wege kann niemand Schaden nehmen, der nichts forciert. Nur das eine muss beobachtet werden: niemand darf mehr Zeit und Kraft auf solche Übungen verwenden, als ihm nach seiner Lebensstellung, nach seinen Pflichten zur Verfügung stehen. Niemand darf durch den Geheimpfad irgendetwas in seinen äußeren Lebensverhältnissen augenblicklich ändern. Will man wirkliche Ergebnisse, dann muss man *Geduld* haben; man muss nach wenigen Minuten der Übung aufhören können und ruhig seiner Tagesarbeit nachgehen. Und nichts darf sich von Gedanken an die Übungen in die Tagesarbeit mischen. Wer nicht im höchsten und besten Sinne *warten* gelernt hat, der taugt nicht zum Geheimschüler und wird auch niemals zu Ergebnissen kommen, die einen erheblichen Wert haben.

KONTROLLE DER GEDANKEN UND GEFÜHLE

Wenn jemand die Wege zur Geheimwissenschaft in der Art sucht, wie es in dem vorhergehenden Kapitel beschrieben worden ist, dann darf er nicht versäumen, sich während der ganzen Arbeit durch *einen* fortwirkenden Gedanken zu stärken. Er muss sich nämlich stets vor Augen halten, dass er nach einiger Zeit schon ganz erhebliche Fortschritte gemacht haben kann, ohne dass sie sich ihm in der Weise zeigen, wie er es vielleicht erwartet hat. Wer dies nicht bedenkt, wird leicht die Beharrlichkeit verlieren und nach kurzer Zeit alle Versuche aufgeben. Die Kräfte und Fähigkeiten, welche man zu entwickeln hat, sind anfänglich von sehr zarter Art. Und ihre Wesenheit ist etwas ganz anderes als das, wovon sich der Mensch vorher Vorstellungen gemacht hat. Er war ja nur gewohnt, sich mit der physischen Welt zu beschäftigen. Die geistige und seelische entzog sich seinen Blicken und auch seinen Begriffen. Es ist daher gar nicht zu verwundern, dass er jetzt, wo sich in ihm geistige und seelische Kräfte entwickeln, diese nicht sogleich bemerkt. – Darinnen liegt die Möglichkeit einer Beirrung für den, welcher sich, ohne sich an die Erfahrungen zu halten, welche kundige Forscher gesammelt haben, auf den Geheimpfad begibt. Der Geheimforscher kennt die Fortschritte, welche der Schüler macht, lange bevor dieser sich selbst ihrer bewusst wird. Er weiß, wie die zarten geistigen Augen sich heranbilden, ehe der Schüler etwas davon weiß. Und ein großer Teil der Anweisungen dieses Geheimforschers besteht eben darinnen, das zum Ausdrucke zu bringen, was bewirkt, dass der Schüler das Vertrauen, die Geduld, die Ausdauer nicht verliere, bevor er zur eigenen Erkenntnis seiner Fortschritte gelangt. *Geben* kann ja der Geheimkundige seinem Zögling nichts, was in diesem nicht – auf verborgene Art – schon liegt. Er kann nur anleiten zur Entwickelung von schlummernden Fähigkeiten. Aber, was er aus seinen Erfahrungen mitteilt, wird eine Stütze sein dem, der sich aus dem Dunkel zum Lichte durchringen will.

Gar viele verlassen den Pfad zur Geheimwissenschaft bald, nachdem sie ihn betreten haben, weil ihnen ihre Fortschritte nicht sogleich bemerklich werden. Und selbst, wenn die ersten für den Zögling wahrnehmbaren höheren Erfahrungen auftreten, so betrachtet sie dieser oft als Illusionen, weil er sich ganz andere Vorstellungen von dem gemacht hat, was er erleben soll. Er verliert den Mut, weil er entweder die ersten Erfahrungen für wertlos hält oder weil sie ihm doch so unscheinbar vorkommen, dass er nicht glaubt, sie könnten ihn in absehbarer Zeit zu irgendetwas Erheblichem führen. *Mut* und *Selbstvertrauen* sind aber zwei Lichter, die auf dem Wege zur Geheimwissenschaft nicht erlöschen dürfen. Wer es nicht über sich bringen kann, eine Übung, die scheinbar unzählige Mal missglückt ist, immer wieder und wieder geduldig fortzusetzen, der kann nicht weit kommen.

Viel früher als eine deutliche Wahrnehmung von den Fortschritten tritt ein dunkles Gefühl auf, dass man auf dem rechten Wege sei. Und dieses Gefühl sollte man hegen und pflegen. Denn es kann zu einem sicheren Führer werden. Vor allem muss man den Glauben ausrotten, als ob es ganz absonderliche, geheimnisvolle Verrichtungen sein müssten, durch die man zu höheren Erkenntnissen gelangt. Man muss sich klarmachen, dass von den Gefühlen und Gedanken ausgegangen werden muss, mit denen der Mensch ja fortwährend lebt, und dass er diesen Gefühlen und Gedanken nur eine andere Richtung geben muss, als die gewohnte ist. Ein jeder sage sich zunächst: in meiner eigenen Gefühls- und Gedankenwelt liegen die höchsten Geheimnisse verborgen: ich habe sie bisher nur noch nicht wahrgenommen. Alles beruht schließlich darauf, dass der Mensch fortwährend Leib, Seele und Geist mit sich herumträgt, dass er sich aber nur seines Leibes im ausgesprochenen Sinne *bewusst* ist, nicht seiner Seele und seines Geistes. Und der Geheimschüler wird sich der Seele und des Geistes bewusst, wie sich der gewöhnliche Mensch seines Leibes bewusst ist.

Deshalb kommt es darauf an, die Gefühle und Gedanken in die rechte Richtung zu bringen. Dann entwickelt man die Wahrnehmungen für das im gewöhnlichen Leben Unsichtbare. Hier soll einer der Wege angegeben werden, wie man das macht. Eine einfache Sache ist es wieder, wie fast alles, was bisher mitgeteilt worden ist. Aber von den größten Wirkungen ist sie, wenn sie beharrlich durchgeführt wird und wenn der Mensch vermag, mit der nötigen intimen Stimmung sich ihr hinzugeben.

(Wie erlangt man Erkenntnisse der höheren Welten?, 1909)

DIE CHAKREN ALS ÜBERSINNLICHE WAHRNEHMUNGSORGANE

Bei dem, welcher in diesem Sinne die in den vorhergehenden Abschnitten (über Erwerbung übersinnlicher Erkenntnisse) beschriebenen Übungen macht, gehen zunächst gewisse Veränderungen im sogenannten Seelenorganismus vor sich. Dieser ist nur für den Hellseher wahrnehmbar. Man kann ihn mit einer mehr oder weniger geistig-seelisch leuchtenden Wolke vergleichen, in deren Mitte der physische Körper des Menschen sich befindet.* In diesem Organismus werden die Triebe, Begierden, Leidenschaften, Vorstellungen usw. geistig sichtbar. Sinnliche Begierde z. B. empfindet man darinnen wie dunkelrötliche Ausstrahlungen von bestimmter Form. Ein reiner, edler Gedanke findet seinen Ausdruck wie in einer rötlichvioletten Ausstrahlung. Der scharfe Begriff, den der logische Denker fasst, fühlt sich wie eine gelbliche Figur mit ganz bestimmten Umrissen. Der verworrene Gedanke des unklaren Kopfes tritt als Figur mit unbestimmten Umrissen auf. Die Gedanken der Menschen mit einseitigen, verbohrten Ansichten erscheinen in ihren Umrissen scharf, unbeweglich, diejenigen solcher Persönlichkeiten, welche zugänglich für die Ansichten anderer sind, sieht man in beweglichen, sich wandelnden Umrissen usw. usw.**

* Eine Beschreibung findet man in des Verfassers «Theosophie».

** Man muss bei allen folgenden Schilderungen darauf achten, dass z.B. beim «Sehen» einer Farbe geistiges Sehen (Schauen) gemeint ist. Wenn die hellsichtige Erkenntnis davon spricht: «ich

Je weiter nun der Mensch in seiner Seelenentwickelung fortschreitet, desto regelmäßiger gegliedert wird sein Seelenorganismus. Beim Menschen mit einem unentwickelten Seelenleben ist er verworren, ungegliedert. Aber auch in einem solchen ungegliederten Seelenorganismus kann der Hellseher ein Gebilde wahrnehmen, das sich deutlich von der Umgebung abhebt. Es verläuft vom Innern des Kopfes bis zur Mitte des physischen Körpers. Es nimmt sich aus wie eine Art selbstständiger Leib, welcher gewisse Organe hat. Diejenigen Organe, die hier zunächst besprochen werden sollen, werden in der Nähe folgender physischer Körperteile geistig wahrgenommen: das erste zwischen den Augen, das zweite in der Nähe des Kehlkopfes, das dritte in der Gegend des Herzens, das vierte liegt in der Nachbarschaft der sogenannten Magengrube, das fünfte und sechste haben ihren Sitz im Unterleibe. Diese Gebilde werden von den Geheimkundigen «Räder» (Chakrams) oder auch «Lotusblumen» genannt. Sie heißen so wegen der Ähnlichkeit mit Rädern oder Blumen; doch muss man sich natürlich klar darüber sein, dass ein solcher Ausdruck nicht viel zutreffender ist, als wenn man die beiden Lungenteile «Lungenflügel» nennt. Wie man sich

sehe rot», so bedeutet dies: «ich habe im Seelisch-Geistigen ein Erlebnis, welches gleichkommt dem physischen Erlebnis beim Eindruck der roten Farbe.» Nur weil es der hellsichtigen Erkenntnis in einem solchen Falle ganz naturgemäß ist, zu sagen: «ich sehe rot», wird dieser Ausdruck angewandt. Wer dies nicht bedenkt, kann leicht eine Farbenvision mit einem wahrhaft hellsichtigen Erlebnis verwechseln.

hier klar ist, dass man es nicht mit «Flügeln» zu tun hat, so muss man auch dort nur an eine vergleichsweise Bezeichnung denken. Diese «Lotusblumen» sind nun beim unentwickelten Menschen von dunklen Farben und ruhig, unbewegt. Beim Hellseher aber sind sie in Bewegung und von leuchtenden Farbenschattierungen. Auch beim Medium ist etwas Ähnliches der Fall, doch in anderer Art. Darauf soll hier nicht näher eingegangen werden. – Wenn nun ein Geheimschüler mit seinen Übungen beginnt, so ist das Erste, dass sich die Lotusblumen aufhellen; später beginnen sie sich zu drehen. Wenn dies Letztere eintritt, so beginnt die Fähigkeit des Hellsehens. Denn diese «Blumen» sind die Sinnesorgane der Seele.* Und ihre Drehung ist der Ausdruck dafür, dass im Übersinnlichen wahrgenommen wird. Niemand kann etwas Übersinnliches schauen, bevor sich seine astralen Sinne in dieser Art ausgebildet haben.

(Wie erlangt man Erkenntnisse der höheren Welten?, 1909)

Die geistig-seelischen Organe, die Lotusblumen, bilden sich so, dass sie dem übersinnlichen Bewusstsein an dem in Schulung befindlichen Menschen wie in der Nähe bestimmter physischer Körperorgane erscheinen. Aus der Reihe dieser Seelenorgane sollen hier genannt werden: dasjenige, das wie in der Nähe der Augenbrauenmitte erfühlt wird (die sogenannte zweiblättrige

* Auch in Bezug auf diese Wahrnehmungen des «Drehens», ja der «Lotusblumen» selbst, gilt, was in der vorigen Anmerkung über das «Sehen der Farben» gesagt worden ist.

Lotusblume), dasjenige in der Gegend des Kehlkopfes (die sechzehnblättrige Lotusblume), das dritte in der Herzgegend (die zwölfblättrige Lotusblume), das vierte in der Gegend der Magengrube. Andere solche Organe erscheinen in der Nähe anderer physischer Körperteile. (Die Namen «zwei-» oder «sechzehnblättrig» können gebraucht werden, weil die betreffenden Organe sich mit Blumen mit entsprechender Blätterzahl vergleichen lassen.)

Die Lotusblumen werden an dem astralischen Leibe bewusst. In dem Zeitpunkte, in dem man die eine oder die andere entwickelt hat, weiß man auch, dass man sie hat. Man fühlt, dass man sich ihrer bedienen kann und dass man durch ihren Gebrauch in eine höhere Welt wirklich eintritt. Die Eindrücke, welche man von dieser Welt erhält, gleichen in mancher Beziehung noch denen der physisch-sinnlichen. Wer imaginativ erkennt, wird von der neuen höheren Welt so sprechen können, dass er die Eindrücke als Wärme- oder Kälteempfindungen, Ton- oder Wortwahrnehmungen, Licht- oder Farbenwirkungen bezeichnet. Denn wie solche erlebt er sie. Er ist sich aber bewusst, dass diese Wahrnehmungen in der imaginativen Welt etwas anderes ausdrücken als in der sinnlich-wirklichen. Er erkennt, dass hinter ihnen nicht physisch-stoffliche Ursachen, sondern seelisch-geistige stehen. Wenn er etwas wie einen Wärmeeindruck hat, so schreibt er diesen nicht z.B. einem Stück heißen Eisens zu, sondern er betrachtet ihn als Ausfluss eines seelischen Vorganges, wie er ihn bisher nur in seinem seelischen Innenleben gekannt hat. Er weiß, dass hinter den imaginativen Wahrnehmungen seelische und geistige Dinge und Vorgänge stehen, wie hinter den physischen Wahrnehmungen stofflich-physische Wesen und Tatsachen. – Zu dieser Ähnlichkeit der imaginativen mit der physischen Welt kommt aber ein bedeutsamer Unterschied hinzu. Es ist etwas in der physischen Welt vorhanden, was in der imaginativen ganz anders auftritt. In jener kann beobachtet werden ein fortwährendes Entstehen und Vergehen der Dinge, ein Wechsel von Geburt und Tod. In der imaginativen Welt tritt anstelle dieser Erscheinung eine fortdauernde *Verwandlung* des einen in das andere. Man sieht z. B. in der physischen Welt eine Pflanze *vergehen.* In der imaginativen zeigt sich in demselben Maße, in dem die Pflanze dahinwelkt, das Entstehen eines andern Gebildes, das physisch nicht wahrnehmbar ist und in welches sich die vergehende Pflanze allmählich verwandelt. Wenn nun die Pflanze dahingeschwunden ist, so ist dieses Gebilde an ihrer Stelle voll entwickelt da. Geburt und Tod sind Vorstellungen, welche in der imaginativen Welt ihre Bedeutung verlieren. An ihre Stelle tritt der Begriff von *Verwandlung des einen in das andere.* – Weil dies so ist, deshalb werden für das imaginative Erkennen jene Wahrheiten über die Wesenheit des Menschen zugänglich, welche in diesem Buche in dem Kapitel «Wesen der Menschheit» mitgeteilt worden sind. Für das physisch-sinnliche Wahrnehmen sind nur die Vorgänge des physischen Leibes wahrnehmbar. Sie spielen sich im «Gebiete von Geburt und Tod» ab. Die andern Glieder der Menschennatur: Lebensleib, Empfindungsleib und Ich stehen unter dem Gesetze der Verwandlung, und ihre Wahrnehmung erschließt sich der imaginativen Erkenntnis. Wer bis zu dieser vorgeschritten ist, nimmt wahr, wie sich aus dem physischen Leibe gleichsam herauslöst dasjenige, was mit dem Hinsterben in anderer Daseinsart weiterlebt.

(Die Geheimwissenschaft im Umriss, 1910)

Das Ziel der Versenkung (Meditation) in die oben charakterisierten symbolischen Vorstellungen und Empfindungen ist, genau gesprochen, die Heranbildung der höheren Wahrnehmungsorgane innerhalb des astralischen Leibes des Menschen. Sie werden aus der Substanz dieses astralischen Leibes heraus zunächst geschaffen. Diese neuen Beobachtungsorgane vermitteln eine neue Welt, und in dieser neuen Welt lernt sich der Mensch als ein neues Ich kennen. Von den Beobachtungsorganen der sinnlich-physischen Welt unterscheiden sich jene neuen schon dadurch, dass sie *tätige* Organe sind. Während Auge und Ohr sich passiv verhalten und Licht und Ton auf sich wirken lassen, kann von den geistig-seelischen Wahrnehmungsorganen gesagt werden, dass sie in fortwährender Tätigkeit sind, während sie wahrnehmen, und dass sie ihre Gegenstände und Tatsachen gewissermaßen in vollem Bewusstsein *ergreifen.* Dadurch ergibt sich das Gefühl, dass geistig-seelisches Erkennen ein Vereinigen mit den entsprechenden Tatsachen ist, ein «in ihnen leben». – Man kann die einzelnen sich bildenden geistig-seelischen Organe vergleichsweise «Lotusblumen» nennen, entsprechend der

Form, die sich das übersinnliche Bewusstsein von ihnen (imaginativ) machen muss. (Selbstverständlich muss man sich klar sein darüber, dass solche Bezeichnung mit der Sache nicht mehr zu tun hat als der Ausdruck «Flügel», wenn man von «Lungenflügeln» spricht.) Durch ganz bestimmte Arten von innerer Versenkung wird auf den Astralleib so gewirkt, dass sich das eine oder andere geistig-seelische Organ, die eine oder die andere «Lotusblume» bildet. Es sollte, nach allem in diesem Buche Ausgeführten, überflüssig sein, zu betonen, dass man sich diese «Beobachtungsorgane» nicht wie etwas vorzustellen hat, das in der Vorstellung seines sinnlichen Bildes ein Abdruck seiner Wirklichkeit ist. Diese «Organe» sind eben übersinnlich und bestehen in einer bestimmt geformten Seelenbetätigung; und sie bestehen nur insofern und so lange, als diese Seelenbetätigung geübt wird. Etwas, was sich als Sinnenfälliges anschauen lässt, ist mit diesen Organen so wenig am Menschen, als irgendein «Dunst» um ihn ist, wenn er denkt. Wer sich das Übersinnliche durchaus sinnlich vorstellen will, gerät eben in Missverständnisse. Trotz des Überflüssigen dieser Bemerkung mag sie hier stehen, weil es immer wieder Bekenner des Übersinnlichen gibt, die in ihren Vorstellungen nur ein Sinnliches haben wollen; und weil es immer wieder Gegner der übersinnlichen Erkenntnis gibt, die glauben, der Geistesforscher spreche von «Lotusblumen» wie von feineren sinnfälligen Gebilden. Jede regelrechte Meditation, die im Hinblick auf die imaginative Erkenntnis gemacht wird, hat ihre Wirkung auf das eine oder das andere Organ. (In meinem Buche «Wie erlangt man Erkenntnisse der höheren Welten?» sind Einzelne von den Methoden der Meditation und des Übens angegeben, welche auf das eine oder andere Organ wirken.) Eine regelrechte Schulung richtet die einzelnen Übungen des Geistesschülers so ein und lässt sie so aufeinander folgen, dass die Organe sich einzeln mit- oder nacheinander entsprechend ausbilden können. Zu dieser Ausbildung gehört bei dem Geistesschüler viel Geduld und Ausdauer. Wer nur ein solches Maß von Geduld hat, wie es die gewöhnlichen Lebensverhältnisse dem Menschen in der Regel geben, der wird damit nicht ausreichen. Denn es dauert lange, oft sehr, sehr lange, bis die Organe so weit sind, dass der Geistesschüler sie zu Wahrnehmungen in der höheren Welt gebrauchen kann. In diesem Momente tritt für ihn das ein, was man *Erleuchtung* nennt, im Gegensatz zur *Vorbereitung* oder Reinigung, die in den Übungen für die Ausbildung der Organe besteht. (Von «Reinigung» wird gesprochen, weil durch die entsprechenden Übungen sich der Schüler von all dem für ein gewisses Gebiet inneren Lebens reinigt, was nur aus der sinnlichen Beobachtungswelt kommt.) Es kann durchaus so kommen, dass dem Menschen auch vor der eigentlichen Erleuchtung wiederholt «Lichtblitze» kommen aus einer höheren Welt. Solche soll er dankbar hinnehmen. Sie schon können ihn zu einem Zeugen von der geistigen Welt machen. Aber er sollte auch nicht wanken, wenn dies während seiner Vorbereitungszeit gar nicht der Fall ist, die ihm vielleicht allzu lang erscheint. Wer überhaupt in Ungeduld verfallen kann, «weil er noch nichts sieht», der hat noch nicht das rechte Verhältnis zu einer höheren Welt gewonnen. Das Letztere hat nur derjenige erfasst, dem die Übungen, die er durch die Schulung macht, etwas wie Selbstzweck sein können. Dieses Üben ist ja in Wahrheit das Arbeiten an einem Geistig-Seelischen, nämlich an dem eigenen Astralleibe. Und man kann «fühlen», auch wenn «man nichts sieht»: «Ich arbeite geistig-seelisch.» Nur wenn man sich von vornherein eine bestimmte Meinung macht, was man eigentlich «sehen» will, dann wird man dieses Gefühl nicht haben. Dann wird man für nichts halten, was in Wahrheit etwas unermesslich Bedeutungsvolles ist. Man sollte aber subtil achten auf alles, was man während des Übens erlebt und was so grundverschieden ist von allen Erlebnissen in der sinnlichen Welt. Man wird dann schon bemerken, dass man in seinen Astralleib hinein nicht wie in eine gleichgültige Substanz arbeitet, sondern dass in demselben lebt eine ganz andere Welt, von der man durch das Sinnenleben nichts weiß. Höhere Wesenheiten wirken auf den Astralleib, wie die physisch-sinnliche Außenwelt auf den physischen Leib wirkt. Und man «stößt» auf das höhere Leben in dem eigenen Astralleib, wenn man sich davor nur nicht verschließt. Wenn sich jemand immer wieder und wieder sagt: «ich nehme nichts wahr», dann ist es zumeist so, dass er sich eingebildet hat, diese Wahrnehmung müsse so oder so aussehen; und weil er das dann nicht sieht, wovon er sich einbildet, er müsse es sehen, so sagt er: «ich sehe nichts.»

Wer sich aber die rechte Gesinnung aneignet gegenüber dem Üben der Schulung, der wird in diesem Üben immer mehr etwas haben, was er um seiner selbst willen liebt. Dann aber weiß er, dass er durch das Üben selbst in einer geistig-seelischen Welt steht, und er wartet in Geduld und Ergebung, was sich weiter ergibt. Es kann diese Gesinnung in dem Geistesschüler in folgenden Worten am besten zum Bewusstsein kommen: «*Ich will* alles tun, was mir als Übungen angemessen ist, und ich weiß, dass mir in der entsprechenden Zeit so viel zukommen wird, als mir wichtig ist. Ich verlange dies nicht ungeduldig; mache mich aber immer bereit, es zu empfangen.»

(Die Geheimwissenschaft im Umriss, 1910)

III. SECHS NEBENÜBUNGEN ZUR ENTWICKLUNG DES HERZCHAKRAS

Rudolf Steiner gab seinen persönlichen esoterischen Schülern schriftliche Anleitungen zur Ausbildung der Chakren, die heute unter dem Titel «Allgemeine Anforderungen, die ein jeder an sich selbst stellen muss, der eine okkulte Entwickelung durchmachen will» publiziert sind (GA 267). Anders als in Wie erlangt man Erkenntnisse der höheren Welten?*, wo die Chakrenentwicklung mit dem Kehlkopfchakra beginnt, sind hier zuerst die Anweisungen zur Ausbildung des Herzchakras gegeben. Verglichen mit anderen Schilderungen zur Entwicklung des Herzchakras, wie sie als sogenannte Nebenübungen bekannt sind, kommt bei der Darstellung in diesen «Allgemeinen Anforderungen» ein besonderes Element hinzu: die Wahrnehmung der «Ätherströme» im Leib nach der Ausführung der einzelnen Übungen.*

Dass diese Übungen als sogenannte Vor- oder Nebenübungen generell durch das Praktizieren von Hauptmeditationen zu ergänzen sind, wird aus dem Schluss des Textauszugs deutlich: «Noch einmal muss zweierlei eingeschärft werden: Erstens, dass die besprochenen sechs Übungen den schädlichen Einfluss, den andere okkulte Übungen haben können, paralysieren, sodass nur das Günstige vorhanden bleibt. Und zweitens, dass sie den positiven Erfolg der Meditations- und Konzentrationsarbeit eigentlich allein sichern.»

In dem Folgenden werden die Bedingungen dargestellt, die einer okkulten Entwicklung zugrunde liegen müssen. Es sollte niemand denken, dass er durch irgendwelche Maßnahmen des äußeren oder inneren Lebens vorwärtskommen könne, wenn er diese Bedingungen nicht erfüllt. Alle Meditations- und Konzentrations- und sonstigen Übungen werden wertlos, ja, in einer gewissen Beziehung sogar schädlich sein, wenn das Leben nicht im Sinne dieser Bedingungen sich regelt. Man kann dem Menschen keine Kräfte geben; man kann nur die in ihm schon liegenden zur Entwickelung bringen. Sie entwickeln sich nicht von selbst, weil es äußere und innere Hindernisse für sie gibt. Die äußeren Hindernisse werden behoben durch die folgenden Lebensregeln. Die inneren durch die besonderen Anweisungen über Meditation und Konzentration usw.

Die erste Bedingung ist die Aneignung eines vollkommen klaren Denkens. Man muss zu diesem Zwecke sich, wenn auch nur eine ganz kurze Zeit des Tages, etwa fünf Minuten (je mehr, desto besser) freimachen von dem Irrlichtelieren der Gedanken. Man muss Herr in seiner Gedankenwelt werden. Man ist nicht Herr, wenn äußere Verhältnisse, Beruf, irgendwelche Tradition, gesellschaftliche Verhältnisse, ja, selbst die Zugehörigkeit zu einem gewissen Volkstum, wenn Tageszeit, bestimmte Verrichtungen usw., usw., bestimmen, dass man einen Gedanken hat, und wie man ihn ausspinnt. Man muss sich also in obiger Zeit ganz nach freiem Willen leer machen in der Seele von dem gewöhnlichen, alltäglichen Gedankenablauf und sich aus eigener Initiative einen Gedanken in den Mittelpunkt der Seele rücken. Man braucht nicht zu glauben, dass dies ein hervorragender oder interessanter Gedanke sein muss; was in okkulter Beziehung erreicht werden soll, wird sogar besser erreicht, wenn man anfangs sich bestrebt, einen möglichst uninteressanten und unbedeutenden Gedanken zu wählen. Dadurch wird die selbsttätige Kraft des Denkens, auf die es ankommt, mehr erregt, während bei einem Gedanken, der interessant ist, dieser selbst das Denken fortreißt. Es ist besser, wenn diese Bedingung der Gedankenkontrolle mit einer Stecknadel, als wenn sie mit Napoleon dem Großen vorgenommen wird. Man sagt sich: Ich gehe jetzt von diesem Gedanken aus und reihe an ihn durch eigenste innere Initiative alles, was sachgemäß mit ihm verbunden werden kann. Der Gedanke soll dabei am Ende des Zeitraumes noch ebenso farbenvoll und lebhaft vor der Seele stehen wie am Anfang. Man mache diese Übung Tag für Tag, mindestens einen Monat hindurch; man kann jeden Tag einen neuen Gedanken vornehmen; man kann aber auch einen Gedanken mehrere Tage festhalten. Am Ende einer solchen Übung versuche man, das innere Gefühl von Festigkeit und Sicherheit, das man bei subtiler Aufmerksamkeit auf die eigene Seele bald bemerken wird, sich voll zum Bewusstsein zu bringen, und dann beschließe man die Übungen dadurch, dass man an sein Haupt und an die Mitte des Rückens (Hirn und Rückenmark) denkt, so wie wenn man jenes Gefühl in diesen Körperteil hineingießen wollte.

Hat man sich etwa einen Monat also geübt, so lasse man eine zweite Forderung hinzutreten. Man versuche, irgendeine Handlung zu erdenken, die man nach dem gewöhnlichen Verlaufe seines bisherigen Lebens ganz gewiss nicht vorgenommen hätte. Man mache sich nun diese Handlung für jeden Tag selbst zur Pflicht. Es wird daher gut sein, wenn man eine Handlung wählen kann, die jeden Tag durch einen möglichst langen Zeitraum vollzogen werden kann. Wieder ist es besser, wenn man mit einer unbedeutenden Handlung beginnt, zu der man sich sozusagen zwingen muss, zum Beispiel man nimmt sich vor, zu einer bestimmten Stunde des Tages eine Blume, die man sich gekauft hat, zu begießen. Nach einiger Zeit soll eine zweite dergleichen Handlungen zur ersten hinzutreten, später eine dritte und so fort, so viel man bei Aufrechterhaltung seiner sämtlichen anderen Pflichten ausführen kann. Diese Übung soll wieder einen Monat lang dauern. Aber man soll, soviel man kann, auch während dieses zweiten Monats der ersten Übung obliegen, wenn man sich diese Letztere auch nicht mehr so zur ausschließlichen Pflicht macht wie im ersten Monat. Doch darf sie nicht außer Acht gelassen werden, sonst würde man bald bemerken, wie die Früchte des ersten Monats bald verloren sind und der alte Schlendrian der unkontrollierten Gedanken wieder beginnt. Man muss überhaupt darauf bedacht sein, dass man diese Früchte, einmal gewonnen, nie wieder verliere. Hat man eine solche durch die zweite Übung vollzogene Initiativ-Handlung hinter sich, so werde man sich des Gefühles von innerem Tätigkeitsantrieb innerhalb der Seele in subtiler Aufmerksamkeit bewusst und gieße dieses Gefühl gleichsam so in seinen Leib, dass man es vom Kopfe bis über das Herz herabströmen lasse.

Im dritten Monat soll als neue Übung in den Mittelpunkt des Lebens gerückt werden die Ausbildung eines gewissen Gleichmutes gegenüber den Schwankungen von Lust und Leid, Freude und Schmerz, das «Himmelhochjauchzend, zu Tode betrübt» soll mit Bewusstsein durch eine gleichmäßige Stimmung ersetzt werden. Man gibt auf sich acht, dass keine Freude mit einem durchgehe, kein Schmerz einen zu Boden drücke, keine Erfahrung einen zu maßlosem Zorn oder Ärger hinreiße, keine Erwartung einen mit Ängstlichkeit oder Furcht erfülle, keine Situation einen fassungslos mache usw., usw. Man befürchte nicht, dass eine solche Übung einen nüchtern und lebensarm mache: man wird vielmehr alsbald bemerken, dass anstelle dessen, was durch diese Übung vorgeht, geläutertere Eigenschaften der Seele auftreten; vor allem wird man eines Tages eine innere Ruhe im Körper durch subtile Aufmerksamkeit spüren können; diese gieße man, ähnlich wie in den beiden oberen Fällen, in den Leib, indem man sie vom Herzen nach den Händen, den Füßen und zuletzt nach dem Kopfe strahlen lässt. Dies kann natürlich in diesem Falle nicht nach jeder einzelnen Übung vorgenommen werden, da man es im Grunde nicht mit einer einzelnen Übung zu tun hat, sondern mit einer fortwährenden Aufmerksamkeit auf sein inneres Seelenleben. Man muss sich jeden Tag wenigstens einmal diese innere Ruhe vor die Seele rufen und dann die Übung des Ausströmens vom Herzen vornehmen. Mit den Übungen des ersten und zweiten Monats verhalte man sich wie mit der des ersten Monats im zweiten.

Im vierten Monat soll man als neue Übung die sogenannte Positivität aufnehmen. Sie besteht darin, allen Erfahrungen, Wesenheiten und Dingen gegenüber stets das in ihnen vorhandene Gute, Vortreffliche, Schöne usw. aufzusuchen. Am besten wird diese Eigenschaft der Seele charakterisiert durch eine persische Legende über den Christus Jesus. Als dieser mit seinen Jüngern einmal einen Weg machte, sahen sie am Wegrande einen schon sehr in Verwesung übergegangenen Hund liegen. Alle Jünger wandten sich von dem hässlichen Anblick ab, nur der Christus Jesus blieb stehen, betrachtete sinnig das Tier und sagte: Welch wunderschöne Zähne hat das Tier! Wo die andern nur das Hässliche, Unsympathische gesehen hatten, suchte er das Schöne. So muss der esoterische Schüler trachten, in einer jeglichen Erscheinung und in einem jeglichen Wesen das Positive zu suchen. Er wird alsbald bemerken, dass unter der Hülle eines Hässlichen ein verborgenes Schönes, dass selbst unter der Hülle eines Verbrechers ein verborgenes Gutes, dass unter der Hülle eines Wahnsinnigen die göttliche Seele irgendwie verborgen ist. Diese Übung hängt in etwa zusammen mit dem, was man die Enthaltung von Kritik nennt. Man darf diese Sache nicht so auffassen, als ob man schwarz weiß und weiß schwarz nennen sollte. Es gibt aber einen Unterschied zwischen einer Beurteilung, die von der eigenen Persönlichkeit bloß ausgeht und Sympathie und Antipathie nach dieser eigenen Persönlichkeit beurteilt. Und es gibt einen Standpunkt, der sich liebevoll in die fremde Erscheinung oder das fremde Wesen versetzt und sich überall fragt: Wie kommt dieses Andere dazu, so zu sein oder so zu tun? Ein solcher Standpunkt kommt ganz von selbst dazu, sich mehr zu bestreben, dem Unvollkommenen zu helfen, als es bloß zu tadeln und zu kritisieren. Der Einwand, dass die Lebensverhältnisse von vielen Menschen verlangen, dass sie tadeln und richten, kann hier nicht gemacht werden. Denn dann sind diese Lebensverhältnisse eben solche, dass der Betreffende eine richtige okkulte Schulung nicht durchmachen kann. Es sind eben viele Lebensverhältnisse vorhanden, die eine solche okkulte Schulung in ausgiebigem Maße nicht möglich machen. Da sollte eben der Mensch nicht ungeduldig verlangen, trotz alledem Fortschritte zu machen, die eben nur unter gewissen Bedingungen gemacht werden können. Wer einen Monat hindurch sich bewusst auf das Positive in allen seinen Erfahrungen hinrichtet, der wird nach und nach bemerken, dass sich ein Gefühl in sein Inneres schleicht, wie wenn seine Haut von allen Seiten durchlässig würde und seine Seele sich weit öffnete gegenüber allerlei geheimen und subtilen Vorgängen in seiner Umgebung, die vorher seiner Aufmerksamkeit völlig entgangen waren. Gerade darum handelt es sich, die in jedem Menschen vorhandene Aufmerksamlosigkeit gegenüber solchen subtilen Dingen zu bekämpfen. Hat man einmal bemerkt, dass dies beschriebene Gefühl wie eine Art von Seligkeit sich in der Seele geltend macht, so versuche man dieses Gefühl im Gedanken nach dem Herzen hinzulenken und es von da in die Augen strömen zu lassen, von da hinaus in den Raum vor und um den Menschen herum. Man wird bemerken, dass man ein intimes Verhältnis zu diesem

Raum dadurch erhält. Man wächst gleichsam über sich hinaus. Man lernt ein Stück seiner Umgebung noch wie etwas betrachten, das zu einem selber gehört. Es ist recht viel Konzentration zu dieser Übung notwendig und vor allen Dingen ein Anerkennen der Tatsache, dass alles Stürmische, Leidenschaftliche, Affektreiche völlig vernichtend auf die angedeutete Stimmung wirkt. Mit der Wiederholung der Übungen von den ersten Monaten hält man es wieder so, wie für frühere Monate schon angedeutet ist.

Im fünften Monat versuche man dann in sich das Gefühl auszubilden, völlig unbefangen einer jeden neuen Erfahrung gegenüberzutreten. Was uns entgegentritt, wenn die Menschen gegenüber einem eben Gehörten und Gesehenen sagen: «Das habe ich noch nie gehört, das habe ich noch nie gesehen, das glaube ich nicht, das ist eine Täuschung», mit dieser Gesinnung muss der esoterische Schüler vollständig brechen. Er muss bereit sein, jeden Augenblick eine völlig neue Erfahrung entgegenzunehmen. Was er bisher als gesetzmäßig erkannt hat, was ihm als möglich erschienen ist, darf keine Fessel sein für die Aufnahme einer neuen Wahrheit. Es ist zwar radikal ausgesprochen, aber durchaus richtig, dass wenn jemand zu dem esoterischen Schüler kommt und ihm sagt: «Du, der Kirchturm der X-Kirche steht seit dieser Nacht völlig schief», so soll der Esoteriker sich eine Hintertür offen lassen für den möglichen Glauben, dass seine bisherige Kenntnis der Naturgesetze doch noch eine Erweiterung erfahren könne durch eine solche scheinbar unerhörte Tatsache.

Wer im fünften Monat seine Aufmerksamkeit darauf lenkt, so gesinnt zu sein, der wird bemerken, dass sich ein Gefühl in seine Seele schleicht, als ob in jenem Raum, von dem bei der Übung im vierten Monat gesprochen wurde, etwas lebendig würde, als ob sich darin etwas regte. Dieses Gefühl ist außerordentlich fein und subtil. Man muss versuchen, dieses subtile Vibrieren in der Umgebung aufmerksam zu erfassen und es gleichsam einströmen zu lassen durch alle fünf Sinne, namentlich durch Auge, Ohr und durch die Haut, insofern diese Letztere den Wärmesinn enthält. Weniger Aufmerksamkeit verwende man auf dieser Stufe der esoterischen Entwickelung auf die Eindrücke jener Regungen in den niederen Sinnen, des Geschmacks, Geruchs und des Tastens. Es ist auf dieser Stufe noch nicht gut möglich, die zahlreichen schlechten Einflüsse, die sich unter die auch vorhandenen guten dieses Gebiets einmischen, von diesen zu unterscheiden; daher überlässt der Schüler diese Sache einer späteren Stufe.

Im sechsten Monat soll man dann versuchen, systematisch in einer regelmäßigen Abwechslung alle fünf Übungen immer wieder und wieder vorzunehmen. Es bildet sich daher allmählich ein schönes Gleichgewicht der Seele heraus. Man wird namentlich bemerken, dass etwa vorhandene Unzufriedenheiten mit Erscheinung und Wesen der Welt vollständig verschwinden. Eine allen Erlebnissen versöhnliche Stimmung bemächtigt sich der Seele, die keineswegs Gleichgültigkeit ist, sondern im Gegenteil erst befähigt, tatsächlich bessernd und fortschrittlich in der Welt zu arbeiten. Ein ruhiges

Verständnis von Dingen eröffnet sich, die früher der Seele völlig verschlossen waren. Selbst Gang und Gebärde des Menschen ändern sich unter dem Einfluss solcher Übungen, und kann der Mensch gar eines Tages bemerken, dass seine Handschrift einen anderen Charakter angenommen hat, dann darf er sich sagen, dass er eine erste Sprosse auf dem Pfade aufwärts eben im Begriffe zu erreichen ist. Noch einmal muss zweierlei eingeschärft werden:

Erstens, dass die besprochenen sechs Übungen den schädlichen Einfluss, den andere okkulte Übungen haben können, paralysieren, sodass nur das Günstige vorhanden bleibt. Und zweitens, dass sie den positiven Erfolg der Meditations- und Konzentrationsarbeit eigentlich allein sichern. Selbst die bloße noch so gewissenhafte Erfüllung landläufiger Moral genügt für den Esoteriker noch nicht, denn diese Moral kann sehr egoistisch sein, wenn sich der Mensch sagt: Ich will gut sein, damit ich für gut befunden werde. – Der Esoteriker tut das Gute nicht, weil er für gut befunden werden soll, sondern weil er nach und nach erkennt, dass das Gute allein die Evolution vorwärtsbringt, das Böse dagegen und das Unkluge und das Hässliche dieser Evolution Hindernisse in den Weg legen.

(Allgemeine Anforderungen, 1906)

IV. DAS SONNENGEFLECHT- ODER SOLARPLEXUSCHAKRA

Grundqualitäten, die mit der Ausbildung des Sonnengeflechtchakras gewonnen werden können, sind der Ausschluss von unbewussten Erinnerungen als «Ahnungen», die bewusste Sinneswahrnehmung, die Prüfung und Erweiterung des Vorstellungsvermögens, der Umgang mit Sympathie und Antipathie sowie das sinnlichkeitsfreie, abstrakte Denken. Als Resultat der Entwicklung dieses seelischen Sinnes gibt Rudolf Steiner eine Erweiterung der imaginativen Wahrnehmungen an, das Erkennen der «Talente und Fähigkeiten von Seelen, Kräfte und verborgene Eigenschaften in der Natur». Dadurch wird die «Farbenaura der belebten Wesen» sichtbar: «das, was um uns ist, kündigt dadurch seine seelenhaften Eigenschaften an».

In den im Folgenden wiedergegebenen Textstellen geht es um die konkrete Ausbildung des Sonnengeflechtchakras im Rahmen des Schulungsweges. Nebenübungen dazu werden in den oben schon erwähnten und zitierten Anweisungen für seine esoterischen Schüler als «weitere Regeln in Fortsetzung der allgemeinen Anforderungen» gegeben. Sie finden eine Entsprechung in den Qualitäten zur Entwicklung des Sonnengeflechtchakras, die in Wie erlangt man Erkenntnisse der höheren Welten? *beschrieben werden. Es sind hier daher die jeweils aufeinander zu beziehenden Passagen zusammengestellt, ergänzt um thematisch verwandte Abschnitte aus der* Geheimwissenschaft im Umriss. *Am Ende dieses Kapitels steht schließlich eine Meditation, wie sie Steiner seinem engeren Schülerkreis zur Erlangung eines höheren Bewusstseins, zum Sichtbarwerden der geistigen Welt immer wieder gegeben hat. Sie sei als Hauptübung den voran-*

gegangenen Nebenübungen zur Ausbildung des Sonnengeflechtchakras ergänzend hinzugesellt.

Eingeleitet werden die hier zusammengestellten Übungsangaben mit Erläuterungen zur Entstehung und Bedeutung des Sonnengeflechts in der Entwicklungsgeschichte der Menschheit und der damit verbundenen Wahrnehmungsfähigkeiten, wobei die frühesten diesbezüglichen Äußerungen Rudolf Steiners aus dem Jahr 1905 stammen. In den ersten beiden hier wiedergegebenen Vortragspassagen berichtet Steiner, dass das Sonnengeflecht schon bei niederen wirbellosen Tieren vorhanden sei, aber auch beim Menschen, wo es für ein sogenanntes somnambules Hellsehen im Bewusstsein der Trance von Bedeutung sei. Seit dem Auftreten des Ich in der Menschheitsentwicklung komme dem Sonnengeflecht eine besondere Beziehung zum Ätherleib im viergliedrigen Organismus zu. Zur weiter zurückliegenden Entwicklungsgeschichte des Solarplexus berichtet Steiner in einem weiteren, hier auszugsweise wiedergegebenen Vortrag.

In einem Vortrag zum Thema «Anthroposophie», den Rudolf Steiner am 26. Oktober 1909 anlässlich der Mitgliederversammlung der Theosophischen Gesellschaft in Berlin hielt, entwickelt er eine Abfolge des seelischen und geistigen Erlebens, beginnend mit der Sinneswahrnehmung, wobei die Verwandlung des Sonnengeflechts, das hier als acht- oder zehnblättriges Chakra bezeichnet wird, vom vegetativen Innenorgan zum geistigen Wahrnehmungsorgan geschildert wird. Das Wahrnehmen mittels des Sonnengeflechtchakras wird dabei im Zusammenhang mit dem höheren Seelenleben als Vorstufe des reinen

Gedankenerlebens auf dem Weg zur Erlangung geistiger Wahrnehmungsfähigkeit verstanden.

ÜBER DIE ENTSTEHUNG DES SONNENGEFLECHTS

Das ganze Tierreich zerfällt in die Hauptabteilungen der Wirbeltiere und der Wirbellosen. Bei den wirbellosen Tieren kann man sich nun die Frage vorlegen: Wo haben diese Tiere ihre Nerven? – Denn der Hauptnervenstrang geht sonst durch die Wirbelsäule hindurch. Die Wirbellosen haben aber auch ein Nervensystem, und zwar findet es sich ebenso beim Menschen wie bei den Wirbeltieren. Bei diesen verläuft es außen, längs der Wirbelsäule, bis es sich in der Leibeshöhle ausbreitet. Dies nennt man das sympathische Nervensystem mit dem Sonnengeflecht. Es ist dasselbe System, welches auch die wirbellosen Tiere besitzen, nur dass es bei den Wirbeltieren und beim Menschen weniger Bedeutung hat. Dieses System steht in einem viel engeren Zusammenhang mit der übrigen Welt als das Nervensystem in Kopf und Rückenmark des Menschen. Man kann die Tätigkeit der Letzteren im Trancezustand auslöschen, dann tritt das sympathische Nervensystem in Tätigkeit. So geschieht es zum Beispiel bei den Somnambulen. Das somnambule Bewusstsein erstreckt sich auf das ganze Leben der Umgebung und geht über in die anderen Wesen um uns her. Die Somnambulen fühlen die Dinge in sich. Der Lebensäther ist nun das Element, das uns überall umströmt. Im Sonnengeflecht hat er seine Vermittlung. Könnten wir nur mit dem Sonnengeflecht wahrnehmen, so würden wir in einer intimen Gemeinschaft mit der ganzen Welt leben.

(Berlin, 26. September 1905)

Wenn vom physischen Körper die Rede ist, haben die meisten eine sehr unklare, verworrene Vorstellung von dem, was eigentlich der physische Körper ist. Wir haben ja eigentlich nicht den rein physischen Körper, sondern eine Zusammensetzung von dem physischen Körper mit den höheren Kräften vor uns. Physisch ist auch ein Stück Bergkristall. Aber das ist dem Wesen nach etwas ganz anderes als das menschliche Auge oder das Herz, die doch auch physisch sind. Das Auge und das Herz sind Teile des physischen Körpers, aber vermischt mit den höheren Gliedern des Menschen, und dadurch wird im Physischen etwas ganz anderes bewirkt als beim übrigen Physischen. Sauerstoff und Wasserstoff haben wir auch im Wasser vor uns, aber sie sehen da ganz anders aus, als wenn wir sie beide für sich sehen oder für sich haben. Dann treten sie uns ganz anders entgegen. Im Wasser haben wir eine Mischung der beiden vor uns. Was uns nun im physischen Körper des Menschen entgegentritt, ist auch eine Mischung aus dem Physischen mit dem Äther- und dem Astralkörper.

Das physische menschliche Auge ist ähnlich einer fotografischen Kamera, denn wie in der Kamera entsteht darin ein Bild der Umwelt. Wenn man nun von dem physischen Auge alles abzieht, was in der Kamera nicht entsteht, dann hat man erst das Spezifische des physischen Auges. So muss man auch von dem ganzen physischen Körper alles abziehen, was nicht rein physisch ist, dann hat man erst das, was man im Okkultismus den physischen Körper nennt. Dieser kann unmittelbar nicht leben, nicht denken, nicht fühlen. Da bleibt dann übrig ein sehr weise eingerichteter äußerst komplizierter Automat, ein rein physikalischer Apparat. Diesen ganz allein gab es nur auf der Saturnstufe des menschlichen Daseins. Damals waren die Augen nicht anders vorhanden denn als kleine Kameras. Was darin von der Umwelt als Bild entworfen wurde, kam zum Bewusstsein einer Devawesenheit. In der Mitte des Saturnkreislaufes waren die sogenannten Asuras (die Archai) reif, den Apparat zu benutzen. Diese waren dazumal auf der Stufe der Menschheit. Sie benutzten diesen Automaten und die Bilder, die darin entstanden. Sie selbst waren nicht darinnen, sondern außerhalb und benutzten nur die Bilder; ähnlich wie wir uns jetzt fotografischer Apparate bedienen können, um Bilder einer Landschaft aufzunehmen. Der physische Körper des Menschen war also dazumal ein von außen aufgeführter, architektonischer Aufbau eines physikalischen Apparates. Das ist die erste Stufe des menschlichen Daseins.

Die zweite Stufe der Ausbildung war die Durcharbeitung dieses physikalischen Apparates mit dem Ätherleib. Da wurde er ein lebender Organismus. Das drückte sich dann auch aus in der Konfiguration des Körpers. Der Automat war aufgebaut aus einer ziemlich festen undifferenzierten Masse, ähnlich wie heute eine Geleemasse ist, wie ein weicher Kristall. Im zweiten Kreislauf, in dem Sonnendasein, wurde der physische Automat nun von dem Ätherkörper durchzogen. In diesem Sonnenkreislauf entstand auch das Sonnengeflecht (Solarplexus), das darnach benannt ist, weil das ein wirkliches Organ ist, von dem heute nur noch Rudimente vorhanden sind. Es arbeitet sich ein Nervensystem in den physikalischen Apparat hinein. Bei den Pflanzen ist noch etwas Ähnliches vorhanden. Das ist die zweite Stufe.

Aber diese Stufen sind nicht abgeschlossen; die Entwicklung geht graduell weiter. Ein solches wirksames Agens ist das Sonnengeflecht auch noch heute bei den Tieren, die kein Rückenmark ausbilden. Alle wirbellosen Tiere sind noch einzelne Ausbildungen zurückgelassener Stufen desjenigen, was früher veranlagt war. Die Wirbeltiere hat der Mensch erst auf der Erde aus sich herausgesetzt. Früher war der Mensch noch ähnlich organisiert wie heute etwa der Krebs. Der Mensch ist heute über die damalige Stufe hinausgeschritten, während der Krebs stehen geblieben ist. Überraschend ist es, dass das ganze Innere des Krebses eine gewisse Ähnlichkeit mit dem menschlichen Gehirn hat. Es gibt tatsächlich eine Ähnlichkeit zwischen der inneren Krebsgestalt und dem menschlichen Gehirn. Auch der Krebs ist eingeschlossen in eine harte Schale wie das menschliche Gehirn. Nachdem der Mensch ein Rückenmark ausgebildet und die oberen Wirbel umgestaltet hatte, warf er die harte Schale ab. Der Krebs hat sich nicht weiter entwickelt. Er hat sich an die äußere Umgebung angepasst durch eine harte Schale, die ihm das sein musste, was dem Menschen die schützende Hülle der ganzen übrigen Körperlichkeit ist.

Die dritte Stufe ist die, auf der das Ganze umorganisiert wird von dem hineinarbeitenden Astralleib. Das Umorganisieren ist verknüpft mit der Ausbildung des Herzens und dem Durchströmen mit dem warmen Blut. Das Fischherz ist auf dem halben Wege stehen geblieben. Das Herz wird gleichmäßig in dem Maße ausgebildet, als die innere Körperwärme zunimmt; das heißt nichts anderes als das Einziehen des Astralen in den Körper hinein.

Das Rückenmark mit dem Gehirn ist das Organ des Ich. Dieses ist von der dreifachen Schutzhülle des Astral-, Äther- und physischen Leibes umgeben. Nachdem das Organ des Ich (Rückenmark und Gehirn) vorbereitet worden ist, legt sich das Ich in das bereit gemachte Bett hinein und Rückenmark und Gehirn treten als Organe des Ich in dessen Dienst.

So setzt sich der vierfache Mensch zusammen. Das ist das Quadrat der Pythagoreer: 1. Das Rückenmark und das Gehirn sind das Organ des Ich. 2. Das warme Blut und das Herz sind das Organ des Kama (Astralleib). 3. Der Solarplexus (Sonnengeflecht) ist das Organ des Ätherkörpers. 4. Der eigentliche physische Körper ist ein komplizierter physikalischer Apparat. So hat man den Menschen vierfach aufgebaut.

Was wir jetzt beschrieben haben, das nennt man im Okkultismus wieder einen Wirbel, etwas, das von außen hereinbaut und sich mit dem vereinigt, was innen sich aufbaut. Physischer Körper, Äther- und Astralkörper haben den Menschen aufgebaut. Dann macht sich der Punkt des Ich geltend, und dieses baut nun von innen heraus. Das sind die vier Teile des Menschen. So finden wir im Äußeren einen Abdruck des viergliedrigen Menschen. Alle Weiterentwicklung ist eine solche, dass der Mensch von diesem Punkt des Ich aus bewusst alles durchmacht, was er vorher schon unbewusst durchgemacht hat.

(Berlin, 7. Oktober 1905)

Aber diese Astralleiber, namentlich diejenigen, die von den Feuergeistern ausgingen, sandten eine Art von Strömung hinein in die Körperlichkeit, die da unten war als physische und ätherische Leiber. Diese Lichtströmungen verteilten sich baumartig. Die letzten Rudimente dieser Einströmungen auf der Sonne, die sich später verdickten und äußerliche Form erhalten haben, sind das Organ, das man das Sonnengeflecht nennt. Es ist der letzte verdichtete Nachklang alter, zur Substanzialität verdichteter Einstrahlungen auf der Sonne. Daher der Name Plexus solaris, Sonnengeflecht. Sie müssen sich die Leiber, die Sie auf der Sonne gehabt haben, so vorstellen, wie wenn von oben Strahlen in sie hineindringen würden, die sich baumförmig verflechten. So stellt sich die Sonne dar in den zahlreichen Verästelungen, die in Ihrem Sonnengeflecht sind.

(München, 2. Juni 1907)

Wir haben von außen, aus der Sinnenwelt heraus, im Menschen selber die Seele ergriffen in Empfindungen, in Gefühlen, in Gedanken. Wenn wir nun weitergehen würden und die höheren Sinne, die wir nun nicht mehr gut Sinne nennen können, die den andern Lotusblumen entsprechen, in ihrer Wirkung nach innen betrachten, so würden wir das gesamte höhere Seelenleben finden. Wenn zum Beispiel die im Organismus weiter unten gelegene achtblättrige oder die zehnblättrige Lotusblume ihre Tätigkeit nach innen ergießt, dann entsteht eine noch feinere Seelentätigkeit. Und am Ende dieser Reihe finden wir jene allerfeinste Seelentätigkeit, die wir nun nicht mehr mit dem bloßen Gedanken bezeichnen, sondern als den reinen Gedanken, den bloß logischen Gedanken. Das ist das, was hervorgebracht wird durch das Hineinwirken ins Innere des Menschen durch die verschiedenen Lotusblumentätigkeiten. Wenn nun dieses Hineinarbeiten wiederum aufhört, bloßes Hineinarbeiten zu sein, und, wie ich angedeutet habe, anfängt hinauszuarbeiten, wenn also jene Fangarme, die sich sonst nach innen erstrecken, sich überall kreuzen und nach außen sich als Lotusblumen ergießen, dann kommt jene höhere Tätigkeit zustande, durch die wir von der Seele aufsteigen zum Geiste, wo dasjenige, was uns sonst bloß als Innenleben erscheint in Denken, Fühlen und Wollen, nunmehr in der Außenwelt auftritt, getragen von geistigen Wesenheiten.

So haben Sie den Menschen sozusagen begriffen, indem Sie aufgestiegen sind von den Sinnen durch die Seele zu dem, was eigentlich nicht mehr im Menschen ist, sondern was als Geistiges von außen hereinwirkt und dem Menschen ebenso angehört wie der ganzen Natur und der ganzen übrigen Welt draußen. Wir sind aufgestiegen zum Geistigen.

(Berlin, 26. Oktober 1909)

SCHULUNG DES VORSTELLUNGS- UND GEDANKENLEBENS

Von besonders feiner Art ist die Seelenpflege, die zur Entwickelung der zehnblätterigen Lotusblume notwendig ist. Denn hier handelt es sich darum, die Sinneseindrücke selbst in bewusster Weise beherrschen zu lernen. Für den angehenden Hellseher ist das ganz besonders nötig. Nur dadurch vermag er einen Quell zahlloser Illusionen und geistiger Willkürlichkeiten zu vermeiden. Der Mensch macht sich gewöhnlich gar nicht klar, von welchen Dingen seine Einfälle, seine Erinnerungen beherrscht sind und wodurch sie hervorgerufen werden. Man nehme folgenden Fall an. Jemand fährt in der Eisenbahn. Er ist mit einem Gedanken beschäftigt. Plötzlich nimmt sein Gedanke eine ganz andere Wendung. Er erinnert sich an ein Erlebnis, das er vor Jahren gehabt hat, und verspinnt es mit seinen gegenwärtigen Gedanken. Er hat nun aber gar nicht bemerkt, dass sein Auge zum Fenster hinausgerichtet und der Blick auf eine Person gerichtet war, welche Ähnlichkeit hatte mit einer anderen, die in das erinnerte Erlebnis hineinverwickelt war. Was er gesehen hat, kommt ihm gar nicht zum Bewusstsein, sondern nur die Wirkung. So glaubt er, dass ihm die Sache «von selbst eingefallen» sei. Wie viel im Leben kommt nicht auf solche Art zustande. Wie spielen in unser Leben Dinge hinein, die wir erfahren und gelesen haben, ohne dass man sich den Zusammenhang ins Bewusstsein bringt. Jemand kann z.B. eine bestimmte Farbe nicht leiden; er weiß aber gar nicht, dass dies deshalb der Fall ist, weil der Lehrer, der ihn vor vielen Jahren gequält hat, einen Rock in dieser Farbe gehabt hat. Unzählige Illusionen beruhen auf solchen Zusammenhängen. Viele Dinge prägen sich der Seele ein, ohne dass sie auch dem Bewusstsein einverleibt werden. Es kann folgender Fall vorkommen. Jemand liest in der Zeitung von dem Tode einer bekannten Persönlichkeit. Und nun behauptet er ganz fest, er habe diesen Todesfall schon «gestern» vorausgeahnt, obgleich er nichts gehört und gesehen habe, was ihn auf diesen Gedanken hätte bringen können. Und es ist wahr, wie «von selbst» ist ihm «gestern» der Gedanke aufgetaucht: die betreffende Person werde sterben. Er hat nur eines nicht beachtet. Er ist ein paar Stunden, bevor ihm «gestern» der Gedanke aufgestoßen ist, bei einem Bekannten zu Besuch gewesen. Auf dem Tisch lag ein Zeitungsblatt. Er hat darin nicht gelesen. Aber unbewusst fiel doch sein Auge auf die Nachricht von der schweren Erkrankung der in Rede stehenden Persönlichkeit. Des Eindruckes ist er sich nicht bewusst geworden. Aber die Wirkung war die «Ahnung». – Wenn man sich solche Dinge überlegt, so kann man ermessen, was für eine Quelle von Illusionen und Phantastereien in solchen Verhältnissen liegt. Und diese Quelle muss derjenige verstopfen, der seine zehnblätterige Lotusblume ausbilden will. Denn durch diese Lotusblume kann man tief verborgene Eigenschaften an Seelen wahrnehmen. Aber Wahrheit ist diesen Wahrnehmungen nur dann beizumessen, wenn man von den gekennzeichneten Täuschungen ganz frei geworden ist. Es ist zu diesem Zwecke notwendig, dass man sich zum Herrn über das macht, was von der Außenwelt auf einen einwirkt. Man muss es dahin bringen, dass Eindrücke, die man nicht empfangen will, man auch wirklich nicht empfängt. Solch eine Fähigkeit kann nur durch ein starkes Innenleben herangezogen werden. Man muss es in den Willen bekommen, dass man nur die Dinge auf sich wirken lässt, auf die man die Aufmerksamkeit wendet, und dass man sich Eindrücken wirklich entzieht, an die man sich nicht willkürlich wendet. Was man sieht, muss man sehen wollen; und worauf man keine Aufmerksamkeit wendet, muss tatsächlich für einen nicht da sein. Je lebhafter, energischer die innere Arbeit der Seele wird, desto mehr wird man das erreichen.

(Wie erlangt man Erkenntnisse der höheren Welten?, 1909)

Wenn der Mensch seine Ausbildung in Bezug auf Gefühle, Gedanken und Stimmungen so durchmacht, wie dies in den Kapiteln über Vorbereitung, Erleuchtung und Einweihung beschrieben worden ist, so bewirkt er in seiner Seele und in seinem Geist eine ähnliche Gliederung, wie sie die Natur in seinem physischen Leibe bewirkt hat. Vor dieser Ausbildung sind Seele und Geist ungegliederte Massen. Der Hellseher nimmt sie wahr als ineinandergreifende, spiralige Nebelwirbel, die vorzugsweise wie rötliche und rötlichbraune oder auch rötlichgelbe Farben matt glimmend empfunden werden; nach der Ausbildung beginnen sie wie die gelblichgrünen, grünlichblauen Farben geistig zu erglänzen und zeigen einen regelmäßigen Bau. Der Mensch gelangt zu solcher Regelmäßigkeit und damit zu höheren Erkenntnissen, wenn er in seine Gefühle, Gedanken und Stimmungen solche Ordnung bringt, wie sie die Natur in seine körperlichen Verrichtungen gebracht hat, sodass er sehen, hören, verdauen, atmen, sprechen und so weiter kann. – Mit der Seele atmen und sehen und so weiter, mit dem Geiste hören und sprechen und so weiter lernt der Geheimschüler allmählich.

Es sollen hier nur noch einige *praktische* Gesichtspunkte genauer ausgeführt werden, die zur höheren Seelen- und Geisteserziehung gehören. Es sind solche, die im Grunde jeder, ohne auf andere Regeln Rücksicht zu nehmen, befolgen kann und durch die er in der Geheimwissenschaft eine Strecke weit gelangt.

Eine besondere Ausbildung muss man in der *Geduld* anstreben. Jede Regung der Ungeduld wirkt lähmend, ja ertötend auf die im Menschen schlummernden höheren Fähigkeiten. Man soll nicht verlangen, dass sich von heute auf morgen unermessliche Einblicke in die höheren Welten eröffnen. Denn dann kommen sie in der Regel ganz gewiss nicht; Zufriedenheit mit dem Geringsten, das man erreicht, Ruhe und Gelassenheit sollen sich der Seele immer mehr bemächtigen. – Es ist ja begreiflich, dass der Lernende ungeduldig die Ergebnisse erwartet. Dennoch erlangt er nichts, solange er diese Ungeduld nicht bemeistert. Es nützt auch nichts, wenn man diese Ungeduld nur in gewöhnlichem Sinne des Wortes bekämpft. Dann wird sie nur umso stärker. Man täuscht sich dann über sie hinweg, und in den Tiefen der Seele sitzt sie nur umso stärker. Nur wenn man sich einem ganz bestimmten Gedanken immer wieder hingibt, ihn ganz sich zu eigen macht, erreicht man etwas. Dieser Gedanke ist: «Ich muss zwar alles tun zu meiner Seelen- und Geistesausbildung; aber *ich werde* ganz ruhig *warten,* bis ich von höheren Mächten für würdig befunden werde zu bestimmter Erleuchtung.» Wird dieser Gedanke im Menschen so mächtig, dass er zur Charakteranlage sich gestaltet, dann ist man auf dem rechten Wege. Schon im Äußerlichen prägt sich dann diese Charakteranlage aus. Der Blick des Auges wird ruhig, die Bewegungen sicher, die Entschlüsse bestimmt, und alles, was man Nervosität nennt, weicht allmählich von dem Menschen. Scheinbar unbedeutende, kleine Regeln kommen dabei in Betracht.

Geduld wirkt anziehend auf die Schätze des höheren Wissens. Ungeduld wirkt auf sie abstoßend. In Hast und Unruhe kann nichts auf den höheren Gebieten des Daseins erlangt werden. Vor allen Dingen müssen *Verlangen* und *Begierde* schweigen. Das sind Eigenschaften der Seele, vor denen sich alles höhere Wissen scheu zurückzieht. So wertvoll auch alle höhere Erkenntnis ist: man darf sie nicht verlangen, wenn sie zu uns kommen soll. Wer sie haben will um seiner selbst willen, der erlangt sie nie. – Und das erfordert vor allem, dass man in tiefster Seele *wahr* gegen sich selbst sei. Man darf sich in nichts über sich selbst täuschen. Man muss seinen eigenen Fehlern, Schwächen und Untauglichkeiten mit innerer Wahrhaftigkeit ins Antlitz schauen. – In dem Augenblicke, wo du irgendeine deiner Schwächen vor dir selbst entschuldigst, hast du dir einen Stein hingelegt auf den Weg, der dich aufwärts führen soll. Solche Steine kannst du nur durch Selbstaufklärung über dich beseitigen. Es gibt nur *einen* Weg, seine Fehler und Schwächen abzulegen, und der ist: sie richtig zu erkennen. Alles schlummert in der Menschenseele und kann erweckt werden. Auch seinen Verstand und seine Vernunft kann der Mensch verbessern, wenn er sich in Ruhe und Gelassenheit darüber aufklärt, warum er in dieser Beziehung schwach ist. Solche Selbsterkenntnis ist natürlich schwierig, denn die Versuchung zur Täuschung über sich selbst ist eine unermesslich große. Wer sich an Wahrheit gegen sich selbst gewöhnt, öffnet sich die Pforten zu höherer Einsicht.

Schwinden muss beim Geheimschüler eine jegliche Neugierde. Er muss sich so viel wie möglich das Fragen abgewöhnen über Dinge, die er nur zur Befriedigung seines persönlichen Wissensdranges wissen will. Nur das soll er fragen, was ihm zur Vervollkommnung seiner Wesenheit im Dienste der Entwickelung dienen kann. Dabei soll in ihm aber die Freude, die Hingabe an das Wissen in keiner Weise gelähmt werden. Auf alles, was zu solchem Ziele dient, soll er andächtig hinhorchen und jede Gelegenheit zu solcher Andacht aufsuchen.

Insbesondere ist zur Geheimausbildung eine Erziehung des Wunschlebens notwendig. Man soll nicht etwa wunschlos werden. Denn alles, was wir erreichen sollen, sollen wir ja auch wünschen. Und ein Wunsch wird immer in Erfüllung gehen, wenn hinter ihm eine ganz besondere Kraft steht. Diese Kraft kommt aus der richtigen *Erkenntnis.* «In keiner Art zu wünschen, bevor man das Richtige auf einem Gebiete erkannt hat», das ist eine der goldenen Regeln für den Geheimschüler. Der Weise lernt zuerst die Gesetze der Welt kennen, dann werden seine Wünsche zu Kräften, welche sich verwirklichen. – Ein Beispiel, das deutlich wirkt, soll hier angeführt werden. Gewiss wünschen viele, aus eigener Anschauung über ihr Leben vor ihrer Geburt etwas zu erfahren. Solcher Wunsch ist ganz zwecklos und ergebnislos, solange der Betreffende sich nicht die *Erkenntnis* der Gesetze durch geisteswissenschaftliches Studium angeeignet hat – und zwar in ihrem feinsten, intimsten Charakter – von dem Wesen des Ewigen. Hat er sich aber diese Erkenntnis wirklich erworben, und will er *dann* weiterkommen, so wird er es durch seinen veredelten, geläuterten Wunsch.

Es nützt auch nichts, zu sagen: Ja, ich will ja gerade mein vorhergehendes Leben übersehen und zu dem Zwecke eben lernen. Man muss vielmehr imstande sein, diesen Wunsch ganz fallen zu lassen, ganz von sich auszuschalten, und zunächst ganz ohne diese Absicht lernen. Man muss die Freude, die Hingebung an dem Gelernten entwickeln ohne die genannte Absicht. Denn nur dadurch lernt man zugleich den entsprechenden

Wunsch so zu haben, dass er seine Erfüllung nach sich zieht.

(Wie erlangt man Erkenntnisse der höheren Welten?, 1909)

Die Bedingungen zum Antritt der Geheimschulung sind nicht solche, die von irgendjemand durch Willkür festgesetzt werden. Sie ergeben sich aus dem Wesen des Geheimwissens. Wie ein Mensch nicht Maler werden kann, der keinen Pinsel in die Hand nehmen will, so kann niemand eine Geheimschulung empfangen, der nicht erfüllen will, was die Geheimlehrer als notwendige Forderung angeben. Im Grunde kann der Geheimlehrer nichts geben als Ratschläge. Und in diesem Sinne ist auch alles aufzunehmen, was er sagt. Er hat die vorbereitenden Wege zum Erkennen der höheren Welten durchgemacht. Er weiß aus Erfahrung, was notwendig ist. Es hängt ganz von dem *freien Willen* des Einzelnen ab, ob er die gleichen Wege wandeln will oder nicht. Wenn jemand verlangen wollte, dass ihm ein Lehrer eine Geheimschulung zukommen ließe, ohne die Bedingungen erfüllen zu wollen, so gliche eine solche Forderung eben durchaus der: lehre mich malen, aber befreie mich davon, einen Pinsel zu berühren. – Der Geheimlehrer kann auch niemals etwas bieten, wenn ihm nicht der freie Wille des Aufzunehmenden entgegenkommt. Aber es muss betont werden, dass der allgemeine Wunsch nach höherem Wissen nicht genügt. Diesen Wunsch werden natürlich viele haben. Wer *nur* diesen Wunsch hat, ohne auf die *besonderen* Bedingungen der

Geheimschulung eingehen zu wollen, von dem kann zunächst nichts erreicht werden. Das sollen diejenigen bedenken, die sich darüber beklagen, dass die Geheimschulung ihnen nicht leicht wird. Wer die strengen Bedingungen nicht erfüllen kann oder will, der *muss* eben *vorläufig* auf Geheimschulung verzichten. Zwar sind die Bedingungen *streng,* aber nicht *hart,* da ihre Erfüllung nicht nur eine freie Tat sein soll, sondern sogar sein muss.

Wer das nicht bedenkt, für den können die Forderungen der Geheimschulung leicht als Seelen- oder Gewissenszwang erscheinen. Denn die Schulung beruht ja auf einer Ausbildung des *inneren* Lebens; der Geheimlehrer muss also Ratschläge erteilen, die sich auf dieses innere Leben beziehen. Aber nichts kann als Zwang aufgefasst werden, was als Ausfluss eines freien Entschlusses gefordert wird. – Wenn jemand von dem Lehrer forderte: teile mir deine Geheimnisse mit, aber lasse mich bei meinen gewohnten Empfindungen, Gefühlen und Vorstellungen, so verlangt er eben etwas ganz Unmögliches. Er will dann nichts weiter als die Neugierde, den Wissenstrieb befriedigen. Bei einer solchen Gesinnung kann aber Geheimwissen nie erlangt werden.

Es sollen nun der Reihe nach die Bedingungen für den Geheimschüler entwickelt werden. Es muss betont werden, dass bei keiner dieser Bedingungen eine *vollständige* Erfüllung verlangt wird, sondern lediglich das *Streben* nach einer solchen Erfüllung. *Ganz* erfüllen kann die Bedingungen niemand; aber sich auf den Weg zu ihrer Erfüllung begeben kann jeder. Nur auf den Willen, auf die Gesinnung, sich auf diesen Weg zu begeben, kommt es an.

Die erste Bedingung ist: Man richte sein Augenmerk darauf, die körperliche und geistige *Gesundheit* zu fördern. Wie gesund ein Mensch ist, das hängt zunächst natürlich nicht von ihm ab. Danach trachten, sich nach dieser Richtung zu fördern, das kann ein jeder. Nur aus einem gesunden Menschen kann gesunde Erkenntnis kommen. Die Geheimschulung weist einen nicht gesunden Menschen nicht zurück; aber sie muss verlangen, dass der Schüler den Willen habe, gesund zu leben. – Darinnen muss der Mensch die möglichste Selbstständigkeit erlangen. Die guten Ratschläge anderer, die – zumeist ungefragt – jedem zukommen, sind in der Regel ganz überflüssig. Ein jeder muss sich bestreben, selbst auf sich zu achten. – Vielmehr wird es sich in physischer Beziehung darum handeln, schädliche Einflüsse abzuhalten, als um anderes. Um unsere Pflichten zu erfüllen, müssen wir uns ja oft Dinge auferlegen, die unserer Gesundheit nicht förderlich sind. Der Mensch muss verstehen, im rechten Falle die Pflicht höher zu stellen als die Sorge um die Gesundheit. Aber was kann nicht alles unterlassen werden bei einigem guten Willen! Die Pflicht muss in vielen Fällen höher stehen als die Gesundheit, ja oft höher als das Leben; der *Genuss darf* es bei dem Geheimschüler nie. Bei ihm kann der Genuss nur ein *Mittel* für Gesundheit und Leben sein. Und es ist in dieser Richtung durchaus notwendig, dass man ganz ehrlich und wahrhaftig gegen sich selbst sei. Nichts nützt es, ein asketisches Leben zu führen, wenn dieses aus ähnlichen Beweggründen entspringt wie andere Genüsse. Es kann jemand an dem Asketismus ein Wohlgefallen haben wie ein anderer am Weintrinken. Er kann aber nicht hoffen, dass ihm dieser Asketismus etwas zu höherer Erkenntnis nütze. – Viele schieben alles, was sie scheinbar hindert, sich nach dieser Richtung zu fördern, auf ihre Lebenslage. Sie sagen: «Bei meinen Lebensverhältnissen kann ich mich nicht entwickeln.» Es mag für viele in anderer Beziehung wünschenswert sein, ihre Lebenslage zu ändern; zum Zwecke der Geheimschulung braucht dies kein Mensch zu tun. Zu diesem Ziele braucht man nur gerade in der Lage, in der man ist, so viel für seine leibliche und seelische Gesundheit zu tun, als möglich ist. Eine jegliche Arbeit kann dem Ganzen der Menschheit dienen; und es ist viel größer von der Menschenseele, sich klarzumachen, wie notwendig eine kleinliche, vielleicht hässliche Arbeit für dieses Ganze ist, als zu glauben: «Diese Arbeit ist für mich zu schlecht, ich bin zu anderem berufen.» – Besonders wichtig für den Geheimschüler ist das Streben nach völliger geistiger Gesundheit. Ungesundes Gemüts- und Denkleben bringt auf alle Fälle von den Wegen zu höheren Erkenntnissen ab. Klares, ruhiges Denken, sicheres Empfinden und Fühlen sind hier die Grundlage. Nichts soll ja dem Geheimschüler ferner liegen als die Neigung zum Phantastischen, zum aufgeregten Wesen, zur Nervosität, zur Exaltation, zum Fanatismus. Einen gesunden Blick für alle Verhältnisse des Lebens soll er sich aneignen; sicher soll er sich im Leben zurechtfinden; ruhig soll er die

Dinge zu sich sprechen und auf sich wirken lassen. Er soll sich bemühen, überall, wo es nötig ist, dem Leben gerecht zu werden. Alles Überspannte, Einseitige soll in seinem Urteilen und Empfinden vermieden werden. Würde diese Bedingung nicht erfüllt, so käme der Geheimschüler statt in höhere Welten in diejenige seiner eigenen Einbildungskraft; statt der Wahrheit machten sich Lieblingsmeinungen bei ihm geltend. Besser ist es für den Geheimschüler, «nüchtern» zu sein als exaltiert und phantastisch.

(Wie erlangt man Erkenntnisse der höheren Welten?, 1909)

Die folgenden Regeln sollten so aufgefasst werden, dass jeder esoterische Schüler sein Leben womöglich so einrichtet, dass er sich fortwährend beobachtet und lenkt, ob er namentlich in seinem Innern den entsprechenden Forderungen nachlebt. Alle esoterische Schulung, namentlich wenn sie in die höheren Regionen aufsteigt, kann nur zum Unheil und zur Verwirrung des Schülers führen, wenn solche Regeln nicht beobachtet werden. Dagegen braucht niemand vor einer solchen Schulung zurückzuschrecken, wenn er sich bestrebt, im Sinne dieser Regeln zu leben. Dabei braucht er auch nicht zu verzagen, wenn er sich etwa sagen müsste: «Ich erfülle die damit gestellte Forderung ja doch noch sehr schlecht.» Wenn er nur das innerliche ehrliche Bestreben hat, bei seinem ganzen Leben diese Regeln nicht aus dem Auge zu verlieren, so genügt das schon. Doch muss diese Ehrlichkeit vor allen Dingen eine Ehrlichkeit vor sich selbst sein. Gar mancher täuscht sich in dieser Hinsicht. Er sagt: Ich will in reinem Sinne streben. Würde er sich aber näher prüfen, so würde er doch bemerken, dass viel verborgener Egoismus, raffiniertes Persönlichkeitsgefühl im Hintergrunde lauern; solche Gefühle sind es namentlich, die sich sehr oft die Maske des selbstlosen Strebens aufsetzen und den Schüler irreführen. Es kann gar nicht oft genug durch innere Selbstschau ernstlich geprüft werden, ob man nicht dergleichen Gefühle doch im Innern seiner Seele verborgen hat. Man wird von solchen Gefühlen immer mehr durch energische Verfolgung eben der hier zu besprechenden Regeln frei werden. Diese Regeln sind:

> Erstens: *Es soll in mein Bewusstsein keine ungeprüfte Vorstellung eingelassen werden.*

Man beobachte einmal, wie viele Vorstellungen, Gefühle und Willensimpulse in der Seele eines Menschen leben, die er durch Lebenslage, Beruf, Familienzusammengehörigkeit, Volkszugehör, Zeitverhältnisse usw. aufnimmt. Solcher Inhalt der Seele soll nicht etwa so aufgefasst werden, als wenn die Austilgung eine für alle Menschen moralische Tat sei. Der Mensch erhält ja seine Festigkeit und Sicherheit im Leben dadurch, dass ihn Volkstum, Zeitverhältnisse, Familie, Erziehung usw. tragen. Würde er leichtsinnig solche Dinge von sich werfen, so würde er bald stützlos im Leben dastehen. Es ist insbesondere für schwache Naturen nicht wünschenswert, dass sie nach dieser Richtung zu weit gehen.

Namentlich soll sich ein jeder esoterische Schüler klarmachen, dass mit Beobachtung dieser ersten Regel einhergehen muss die Erwerbung des Verständnisses für alle Taten, Gedanken und Gefühle auch andrer Wesen. Es darf niemals dazu kommen, dass die Befolgung dieser Regel zur Zügellosigkeit oder etwa dahin führe, dass jemand sich sagt, ich breche mit allen Dingen, in die ich hineingeboren und durch das Leben hineingestellt worden bin. Im Gegenteil, je mehr man prüft, desto mehr wird man die Berechtigung dessen einsehen, was in eines Umgebung lebt. Nicht um das Bekämpfen und das hochmütige Ablehnen dieser Dinge handelt es sich, sondern um das innere Freiwerden durch sorgfältige Prüfung alles dessen, was in einem Verhältnis zu der eignen Seele steht. Man wird dann aus der Kraft dieser eignen Seele heraus ein Licht verbreiten über sein ganzes Denken und Verhalten, das Bewusstsein wird sich dementsprechend erweitern, und man wird sich überhaupt aneignen, immer mehr und mehr die geistigen Gesetze, die sich in der Seele offenbaren, sprechen zu lassen, und sich nicht mehr in die blinde Gefolgschaft der umgebenden Welt stellen. Es liegt nahe, dass gegenüber dieser Regel geltend gemacht werde: Wenn der Mensch alles prüfen soll, so wird er ja insbesondere die okkulten und esoterischen Lehren prüfen müssen, die ihm gerade von seinem esoterischen Lehrer gegeben werden. – Es handelt sich darum, das Prüfen im rechten Sinne zu verstehen. Man kann nicht immer eine Sache direkt prüfen, sondern man muss vielfach indirekt diese Prüfung anstellen. Es ist zum Beispiel auch heute niemand in der

Lage, direkt zu prüfen, ob Friedrich der Große gelebt hat oder nicht. Er kann lediglich prüfen, ob der Weg, auf dem die Nachrichten über Friedrich den Großen auf ihn gekommen sind, ein vertrauenswürdiger ist. Hier muss die Prüfung am richtigen Ort einsetzen. So hat man es auch mit allem sogenannten Autoritätsglauben zu halten. Überliefert einem jemand etwas, was man nicht selbst unmittelbar einsehen kann, so hat man vor allen Dingen mit dem einem zur Verfügung stehenden Material zu prüfen, ob er eine glaubwürdige Autorität ist, ob er Dinge sagt, die eine Ahnung und Empfindung davon hervorrufen, dass sie wahr sind. An diesem Beispiele wird man ersehen, dass es sich darum handelt, die Prüfung beim richtigen Punkte einzusetzen.

(Weitere Regeln …, ca. 1907)

Der Geheimschüler muss alles gedankenlose Herumschauen und Herumhören vermeiden. Für ihn soll nur da sein, worauf er Ohr oder Auge richtet. Er muss sich darin üben, dass er im größten Trubel nichts zu hören braucht, wenn er nicht hören will; er soll sein Auge unempfänglich machen für Dinge, auf die er nicht besonders hinschaut. Wie mit einem seelischen Panzer muss er umgeben sein für alle unbewussten Eindrücke.

(Wie erlangt man Erkenntnisse der höheren Welten?, 1909)

VORSTELLUNGSKRAFT VERMEHREN – FREIHEIT DES GEDANKENLEBENS

> Eine zweite Regel ist: *Es soll die lebendige Verpflichtung vor meiner Seele stehen, die Summe meiner Vorstellungen fortwährend zu vermehren.*

Nichts ist schlimmer für den esoterischen Schüler, als wenn er bei einer gewissen Summe Begriffe, die er schon hat, stehen bleiben will und mit ihrer Hilfe alles begreifen will. Unendlich wichtig ist es, sich immer neue und neue Vorstellungen anzueignen. Falls dies nicht geschieht, so würde der Schüler, falls er zu übersinnlichen Einsichten käme, diesen mit keinem wohlvorbereiteten Begriff entgegenkommen und von ihnen überwältigt werden, entweder zu seinem Nachteil oder wenigstens zu seiner Unbefriedigung; dieses Letztere darum, weil er unter solchen Umständen schon höhere Erfahrungen haben könnte, ohne dass er es überhaupt merkte. Die Zahl der Schüler ist überhaupt nicht gering, welche schon ganz umgeben sein könnten von höheren Erfahrungen, aber nichts davon bemerken, weil sie wegen ihrer Vorstellungsarmut sich einer ganz anderen Erwartung hingeben bezüglich dieser Erfahrungen, als die richtige ist. Viele Menschen neigen im äußeren Leben gar nicht zur Bequemlichkeit, in ihrem Vorstellungsleben aber sind sie direkt abgeneigt, sich zu bereichern, neue Begriffe zu bilden.

(Weitere Regeln …, ca. 1907)

Besonders auf das Gedankenleben selbst muss er nach dieser Richtung hin Sorgfalt verwenden. Er setzt sich einen Gedanken vor, und er versucht nur das weiterzudenken, was er ganz bewusst, in völliger Freiheit, an diesen Gedanken angliedern kann. Beliebige Einfälle weist er ab. Will er den Gedanken mit irgendeinem andern in Beziehung setzen, so besinnt er sich sorgfältig, wo dieser andere an ihn herangetreten ist.

(Wie erlangt man Erkenntnisse der höheren Welten?, 1909)

Der Zögling muss sich zu der Anschauung emporringen können, dass seine Gedanken und Gefühle ebenso Bedeutung für die Welt haben wie seine Handlungen. Es muss erkannt werden, dass es ebenso verderblich ist, wenn ich meinen Mitmenschen hasse, wie wenn ich ihn schlage. Dann komme ich auch zu der Erkenntnis, dass ich nicht nur für mich etwas tue, wenn ich mich selbst vervollkommene, sondern auch für die Welt. Aus meinen reinen Gefühlen und Gedanken zieht die Welt ebensolchen Nutzen wie aus meinem Wohlverhalten. Solange ich nicht glauben kann an diese Weltbedeutung meines Innern, so lange tauge ich nicht zum Geheimschüler. Erst dann bin ich von dem rechten Glauben an die Bedeutung meines Inneren, meiner Seele erfüllt, wenn ich an diesem Seelischen in der Art arbeite, als wenn es zum Mindesten ebenso wirklich wäre wie alles Äußere. Ich muss zugeben, dass mein Gefühl ebenso eine Wirkung hat wie eine Verrichtung meiner Hand.

(Wie erlangt man Erkenntnisse der höheren Welten?, 1909)

Wer sich daran gewöhnt, öfters Einkehr in sein Inneres so zu halten, dass es ihm dabei weniger zu tun ist, über sich selbst nachzugrübeln, als vielmehr still in sich die im Leben gemachten Erfahrungen zu ordnen und zu verarbeiten, der wird viel gewinnen. Er wird sehen, dass man seine Vorstellungen und Gefühle bereichert, wenn man die eine Lebenserfahrung mit der anderen in ein Verhältnis bringt. Er wird gewahr werden, in wie hohem Grade man nicht nur dadurch Neues erfährt, dass man neue Eindrücke und neue Erlebnisse hat, sondern auch dadurch, dass man die alten in sich arbeiten lässt. Und wer dabei so zu Werke geht, dass er seine Erlebnisse, ja sogar seine gewonnenen Meinungen so gegeneinander spielen lässt, als ob er selbst mit seinen Sympathien und Antipathien, mit seinen persönlichen Interessen und Gefühlen gar nicht dabei wäre, der wird für die übersinnlichen Erkenntniskräfte einen besonders guten Boden zubereiten. Er wird in Wahrheit das ausbilden, was man ein *reiches Innenleben* nennen kann. Worauf es aber vor allem ankommt, das ist Gleichmaß und Gleichgewicht der Seeleneigenschaften. Der Mensch ist nur zu leicht geneigt, wenn er sich einer gewissen Seelentätigkeit hingibt, in Einseitigkeit zu verfallen. So kann er, wenn er den Vorteil des inneren Nachsinnens und des Verweilens in der eigenen Vorstellungswelt gewahr wird, dafür eine solche Neigung erhalten, dass er sich gegen die Eindrücke der Außenwelt immer mehr verschließt. Das aber führt zur Vertrocknung und Verödung des Innenlebens. Am weitesten kommt derjenige, welcher sich neben der Fähigkeit, sich in sein Inneres zurückzuziehen, auch die offene Empfänglichkeit bewahrt für alle Eindrücke der Außenwelt. Und man braucht dabei nicht etwa bloß an die sogenannten bedeutsamen Eindrücke des Lebens zu denken, sondern es kann *jeder* Mensch in *jeder* Lage – auch in noch so ärmlichen vier Wänden – genug erleben, wenn er nur den Sinn dafür empfänglich hält. Man braucht die Erlebnisse nicht erst zu suchen; sie sind überall da. […]

Es gibt eine gewisse Seelenverfassung, welche dem Geistesschüler auf jeder Stufe seiner Entwickelung wichtig ist. Sie besteht darin, seinen Erkenntnistrieb nicht einseitig so zu stellen, dass dieser immer darauf ausgeht: Wie kann man auf diese oder jene Frage antworten? Sondern darauf: Wie entwickele ich diese oder jene Fähigkeit in mir? Ist dann durch innere geduldige Arbeit an sich diese oder jene Fähigkeit entwickelt, so fällt dem Menschen die Antwort auf gewisse Fragen zu. Geistesschüler werden immer diese Seelenverfassung in sich pflegen. Dadurch werden sie dazu geführt, an sich zu arbeiten, sich immer reifer und reifer zu machen und sich zu versagen, Antworten auf gewisse Fragen herbeizwingen zu wollen. Sie werden warten, bis ihnen solche Antworten zufallen. – Wer aber auch darin wieder an Einseitigkeit sich gewöhnt, auch der kommt nicht richtig vorwärts. Der Geistesschüler kann auch das Gefühl haben, in einem bestimmten Zeitpunkte sich mit dem Maße seiner Kräfte selbst die höchsten Fragen zu beantworten. Also auch hier spielen Gleichmaß und Gleichgewicht in der Seelenverfassung eine gewichtige Rolle.

Noch viele Seeleneigenschaften könnten besprochen werden, deren Pflege und Entwickelung förderlich ist, wenn der Geistesschüler die Inspiration durch Übungen anstreben will. Bei allem würde zu betonen sein, dass Gleichmaß und Gleichgewicht diejenigen Seeleneigenschaften sind, auf die es ankommt. Sie bereiten das Verständnis und die Fähigkeit für die charakterisierten Übungen vor, die behufs der Erlangung der Inspiration zu machen sind.

(Die Geheimwissenschaft im Umriss, 1910)

Je größer in einem Menschen die Fähigkeit ist, *Aufmerksamkeit* auf gewisse Vorgänge des Lebens zu richten, welche nicht von vornherein dem persönlichen Urteil vertraut sind, desto größer ist für ihn die Möglichkeit, sich Unterlagen zu schaffen für eine Entwickelung in geistige Welten hinauf. Ein Beispiel mag dies anschaulich machen. Ein Mensch komme in eine Lebenslage, wo er eine gewisse Handlung tun oder unterlassen kann. Sein Urteil sage ihm: Tue dies. Aber es sei doch ein gewisses unerklärliches Etwas in seinen Empfindungen, das ihn von der Tat abhält. Es kann nun so sein, dass der Mensch auf dieses unerklärliche Etwas keine Aufmerksamkeit verwendet, sondern einfach die Handlung so vollbringt, wie es seiner Urteilsfähigkeit angemessen ist. Es kann aber auch so sein, dass der Mensch dem Drange jenes unerklärlichen Etwas nachgibt und die Handlung unterlässt. Verfolgt er dann die Sache weiter, so kann sich herausstellen, dass Unheil gefolgt wäre, wenn er seinem Urteil gefolgt wäre; dass jedoch Segen entstanden ist durch das Unterlassen. Solch eine Erfahrung kann das Denken des Menschen in eine ganz bestimmte Richtung bringen. Er kann sich sagen: In mir lebt etwas, was mich richtiger leitet als der Grad von Urteilsfähigkeit, welchen ich in der Gegenwart habe. Ich muss mir den Sinn offen halten für dieses «Etwas in mir», zu dem ich mit meiner Urteilsfähigkeit noch gar nicht herangereift bin. Es wirkt nun in hohem Grade günstig auf die Seele, wenn sie ihre Aufmerksamkeit auf solche Fälle im Leben richtet. Es zeigt sich ihr dann wie in einer *gesunden* Ahnung, dass im Menschen *mehr* ist, als was er jeweilig mit seiner Urteilskraft übersehen kann. Solche Aufmerksamkeit arbeitet auf eine *Erweiterung* des Seelenlebens hin. Aber auch hier können sich wieder Einseitigkeiten ergeben, welche bedenklich sind. Wer sich *gewöhnen* wollte, stets deshalb sein Urteil auszuschalten, weil ihn «Ahnungen» zu dem oder jenem treiben, der könnte ein Spielball von allen möglichen unbestimmten Trieben werden. Und von einer solchen Gewohnheit zur Urteilslosigkeit und zum Aberglauben ist es nicht weit. – Verhängnisvoll für den Geistesschüler ist eine jegliche Art von Aberglauben. Man erwirbt sich nur dadurch die Möglichkeit, in einer wahrhaften Art in die Gebiete des Geisteslebens einzudringen, dass man sich sorgfältig hütet vor Aberglauben, Phantastik und Träumerei. Nicht derjenige kommt in einer richtigen Weise in die geistige Welt hinein, welcher froh ist, wenn er irgendwo einen Vorgang erleben kann, der «von dem menschlichen Vorstellen nicht begriffen werden kann».

Die Vorliebe für das «Unerklärliche» macht gewiss niemanden zum Geistesschüler. Ganz abgewöhnen muss sich dieser das Vorurteil, dass ein «Mystiker der sei, welcher in der Welt ein Unerklärliches, Unerforschliches» überall da voraussetzt, wo es ihm angemessen erscheint. Das rechte Gefühl für den Geistesschüler ist, überall verborgene Kräfte und Wesenheiten anzuerkennen; aber auch vorauszusetzen, dass das Unerforschte erforscht werden kann, wenn die Kräfte dazu vorhanden sind.

(Die Geheimwissenschaft im Umriss, 1910)

GELASSENHEIT UND GLEICHMASS IM SEELENLEBEN

Eine dritte Regel ist: *Mir wird nur Erkenntnis über diejenigen Dinge, deren Ja und Nein gegenüber ich weder Sympathie noch Antipathie habe.*

Ein alter Eingeweihter schärfte es immer wieder und wieder seinen Schülern ein: Ihr werdet von der Unsterblichkeit der Seele erst wissen, wenn ihr ebenso gern hinnehmt, diese Seele werde nach dem Tode vernichtet, wie, sie werde ewig leben. Solange ihr wünscht, ewig zu leben, werdet ihr keine Vorstellung von dem Zustande nach dem Tode gewinnen. – Wie in diesem wichtigen Fall ist es mit allen Wahrheiten. Solange der Mensch noch den leisesten Wunsch in sich hat, die Sache möge so oder so sein, kann ihm das reine helle Licht der Wahrheit nicht leuchten. Wer zum Beispiel bei seiner Selbstschau den wenn auch noch so verborgenen Wunsch hat, es mögen die guten Eigenschaften bei ihm überwiegen, dem wird dieser Wunsch ein Gaukelspiel vormachen und keine wirkliche Selbsterkenntnis erlauben.

(Weitere Regeln …, ca. 1907)

Er geht noch weiter. Wenn er z. B. eine bestimmte Antipathie gegen irgendetwas hat, so bekämpft er sie und sucht eine bewusste Beziehung zu dem betreffenden Dinge herzustellen. Auf diese Art mischen sich immer weniger unbewusste Elemente in sein Seelenleben hinein. Nur durch solche strenge Selbstzucht erlangt die zehnblätterige Lotusblume die Gestalt, die sie haben sollte. Das Seelenleben des Geheimschülers muss ein Leben in Aufmerksamkeit werden, und worauf man keine Aufmerksamkeit verwenden will oder soll, das muss man sich wirklich fernzuhalten wissen.

(Wie erlangt man Erkenntnisse der höheren Welten?, 1909)

Zum Beispiel es fügt uns jemand eine Beleidigung zu. Vor unserer Geheimerziehung wenden wir unser Gefühl gegen den Beleidiger. Ärger wallt in unserem Innern auf. In dem Geheimschüler aber steigt sofort bei einer solchen Gelegenheit der Gedanke auf: «Eine solche Beleidigung ändert nichts an meinem Werte»; und er tut dann, was gegen die Beleidigung zu unternehmen ist, mit Ruhe und Gelassenheit, nicht aus dem Ärger heraus. Es kommt natürlich nicht darauf an, etwa jede Beleidigung einfach hinzunehmen, sondern darauf, dass man so ruhig und sicher in der Ahndung einer Beleidigung der eigenen Person gegenüber ist, wie man wäre, wenn die Beleidigung einem anderen zugefügt worden wäre, bei dem man das Recht hat, sie zu ahnden. – Immer muss berücksichtigt werden, dass sich die Geheimschulung nicht in groben äußeren Vorgängen, sondern in feinen, stillen Umwandlungen des Gefühls- und Gedankenlebens vollzieht. [...]

Wenn ich *zornig* bin oder mich *ärgere,* so richte ich einen Wall in der Seelenwelt um mich auf, und die Kräfte können nicht an mich herantreten, welche meine seelischen Augen entwickeln sollen. Ärgert mich zum Beispiel ein Mensch, so schickt er einen seelischen Strom in die Seelenwelt. Ich kann diesen Strom so lange nicht sehen, als ich noch fähig bin, mich zu ärgern. Mein Ärger verdeckt ihn mir. Nun darf ich auch nicht glauben, dass ich sofort eine seelische (astralische) Erscheinung haben werde, wenn ich mich nicht mehr ärgere. Denn dazu ist notwendig, dass sich erst in mir ein seelisches Auge entwickele. Aber die Anlage zu einem solchen Auge liegt in jedem Menschen. Es bleibt unwirksam, solange der Mensch fähig ist, sich zu ärgern. Aber es ist auch noch nicht sogleich da, wenn man ein wenig das Ärgern bekämpft hat. Man muss vielmehr fortfahren in dieser Bekämpfung des Ärgers und in Geduld immer wieder fortfahren; dann wird man eines Tages bemerken, dass sich dieses seelische Auge entwickelt hat. Allerdings ist nicht der Ärger das Einzige, was man zu solchem Ziele zu bekämpfen hat. Viele werden ungeduldig oder zweifelnd, weil sie jahrelang einige Eigenschaften der Seele bekämpft haben und das Hellsehen doch nicht eintritt. Sie haben dann eben einige Eigenschaften ausgebildet und andere umso mehr überwuchern lassen. Die Gabe des Hellsehens tritt erst dann ein, wenn alle Eigenschaften unterdrückt sind, welche die entsprechenden schlummernden Fähigkeiten nicht herauskommen lassen. Allerdings stellen sich Anfänge des Schauens (oder Hörens) schon früher ein; aber das sind zarte Pflänzchen, die leicht allem möglichen Irrtum unterworfen sind und die auch leicht absterben, wenn sie nicht sorgfältig weiter gehegt und gepflegt werden.

(Wie erlangt man Erkenntnisse der höheren Welten?, 1909)

Damit ist eigentlich schon die vierte Bedingung ausgesprochen: die Aneignung der Ansicht, dass des Menschen eigentliche Wesenheit nicht im Äußerlichen, sondern im Inneren liegt. Wer sich nur als ein Produkt der Außenwelt ansieht, als ein Ergebnis der physischen Welt, kann es in der Geheimschulung zu nichts bringen. Sich als seelisch-geistiges Wesen fühlen ist eine Grundlage für solche Schulung. Wer zu solchem Gefühle vordringt, der ist dann geeignet zu unterscheiden zwischen innerer Verpflichtung und dem äußeren Erfolge. Er lernt erkennen, dass das eine nicht unmittelbar an dem anderen gemessen werden kann. Der Geheimschüler muss die rechte Mitte finden zwischen dem, was die äußeren Bedingungen vorschreiben, und dem, was er als das Richtige für sein Verhalten erkennt. Er soll nicht seiner

Umgebung etwas aufdrängen, wofür diese kein Verständnis haben kann; aber er soll auch ganz frei sein von der Sucht, nur das zu tun, was von dieser Umgebung anerkannt werden kann. Die Anerkennung für seine Wahrheiten muss er einzig und allein in der Stimme seiner ehrlichen, nach Erkenntnis ringenden Seele suchen. Aber *lernen* soll er von seiner Umgebung, so viel er nur irgend kann, um herauszufinden, was ihr frommt und nützlich ist. So wird er in sich selbst das entwickeln, was man in der Geheimwissenschaft die «geistige Waage» nennt. Auf einer ihrer Waageschalen liegt ein «offenes Herz» für die Bedürfnisse der Außenwelt, auf der anderen «innere Festigkeit und unerschütterliche Ausdauer».

(Wie erlangt man Erkenntnisse der höheren Welten?, 1909)

Zu den Eigenschaften, die zum Beispiel ebenso bekämpft werden müssen wie Zorn und Ärger, gehören Furchtsamkeit, Aberglaube und Vorurteilssucht, Eitelkeit und Ehrgeiz, Neugierde und unnötige Mitteilungssucht, das Unterschiedmachen in Bezug auf Menschen nach äußerlichen Rang-, Geschlechts-, Stammeskennzeichen und so weiter. In unserer Zeit wird man recht schwer begreifen, dass die Bekämpfung solcher Eigenschaften etwas zu tun habe mit der Erhöhung der Erkenntnisfähigkeit. Aber jeder Geheimwissenschafter weiß, dass von solchen Dingen viel mehr abhängt als von der Erweiterung der Intelligenz und von dem Anstellen künstlicher Übungen. Insbesondere kann leicht ein Missverständnis darüber entstehen, wenn manche glauben, dass man sich tollkühn machen solle, weil man furchtlos sein soll, dass man sich vor den Unterschieden der Menschen verschließen soll, weil man die Standes-, Rassen- und so weiter -vorurteile bekämpfen soll. Man lernt vielmehr erst richtig erkennen, wenn man nicht mehr in Vorurteilen befangen ist. Schon in gewöhnlichem Sinne ist es richtig, dass mich die Furcht vor einer Erscheinung hindert, sie klar zu beurteilen, dass mich ein Rassenvorurteil hindert, in eines Menschen Seele zu blicken. Diesen gewöhnlichen Sinn muss der Geheimschüler in großer Feinheit und Schärfe bei sich zur Entwickelung bringen.

Einen Stein in den Weg der Geheimerziehung wirft dem Menschen auch alles, was er sagt, ohne dass er es gründlich in seinen Gedanken geläutert hat. Und dabei muss etwas in Betracht kommen, was hier nur durch ein Beispiel erläutert werden kann. Wenn mir jemand zum Beispiel etwas sagt und ich habe darauf zu erwidern, so muss ich bemüht sein, des anderen Meinung, Gefühl, ja Vorurteil mehr zu beachten, als was ich im Augenblicke selbst zu der in Rede stehenden Sache zu sagen habe. Hiermit ist eine feine Taktausbildung angedeutet, welcher sich der Geheimschüler sorgfältig zu widmen hat. Er muss sich ein Urteil darüber aneignen, wie weit es für den anderen eine Bedeutung hat, wenn er der seinigen die eigene Meinung entgegenhält. Nicht zurückhalten soll man deshalb mit seiner Meinung. Davon kann nicht im Entferntesten die Rede sein. Aber man soll so genau als nur irgend möglich auf den anderen hinhören und aus dem, was man gehört hat, die Gestalt seiner eigenen Erwiderung formen. Immer wieder steigt in einem solchen Falle in dem Geheimschüler ein Gedanke auf; und er ist auf dem rechten Wege, wenn dieser Gedanke in ihm so lebt, dass er Charakteranlage geworden ist. Dies ist der Gedanke: «Nicht darauf kommt es an, dass ich etwas anderes meine als der andere, sondern darauf, dass der andere das Richtige aus Eigenem finden wird, wenn ich etwas dazu beitrage.» Durch solche und ähnliche Gedanken überströmt den Charakter und die Handlungsweise des Geheimschülers das Gepräge der *Milde,* die ein Hauptmittel aller Geheimschulung ist. *Härte* verscheucht um dich herum die Seelengebilde, die dein seelisches Auge erwecken sollen; *Milde* schafft dir die Hindernisse hinweg und öffnet deine Organe.

Und mit der *Milde* wird sich alsbald ein anderer Zug in der Seele ausbilden: das ruhige *Achten* auf alle Feinheiten des seelischen Lebens in der Umgebung bei völliger *Schweigsamkeit* der eigenen Seelenregungen. Und hat es ein Mensch zu diesem gebracht, dann wirken die Seelenregungen seiner Umgebung auf ihn so ein, dass die eigene Seele wächst und wachsend sich gliedert, wie die Pflanze gedeiht im Sonnenlichte. Milde und Schweigsamkeit in wahrer Geduld öffnen die Seele der Seelenwelt, den Geist dem Geisterlande. – «Verharre in Ruhe und Abgeschlossenheit, schließe die Sinne für das, was sie dir vor deiner Geheimschulung überliefert haben, bringe alle Gedanken zum Stillstand, die nach deinen vorherigen Gewohnheiten in dir auf- und abwogten, werde ganz still und schweigsam in deinem Innern und warte in Geduld, dann fangen höhere Welten an, deine Seelenaugen und Geistesohren auszubilden. Du darfst nicht erwarten, dass du sogleich siehst und hörst in der Seelen- und Geisterwelt. Denn was du tust, trägt nur bei, deine höheren Sinne auszubilden. Seelisch sehen und geistig hören aber wirst du erst, wenn du diese Sinne haben wirst. Hast du eine Weile so in Ruhe und Abgeschlossenheit verharrt, so gehe an deine gewohnten Tagesgeschäfte, indem du dir vorher noch tief den Gedanken eingeprägt: es wird mir einmal werden, was mir werden soll, wenn ich dazu reif bin. Und unterlasse es streng, etwas von den höheren Gewalten durch deine Willkür an dich zu ziehen.» Das sind Anweisungen, die jeder Geheimschüler von seinem Lehrer im Beginne des Weges erhält. Beobachtet er sie, dann vervollkommnet er sich. Beobachtet er sie nicht, dann ist alles Arbeiten vergebens. Aber sie sind nur für den schwierig, der nicht Geduld und Standhaftigkeit hat. Es gibt keine anderen Hindernisse, als diejenigen sind, die sich ein *jeder selbst* in den Weg wirft und die auch jeder vermeiden kann, wenn er wirklich will. Das muss immer wieder betont werden, weil sich viele eine ganz falsche Vorstellung bilden über die Schwierigkeiten des Geheimpfades. Es ist in gewissem Sinne leichter, die ersten Stufen dieses Pfades zu überschreiten, als ohne Geheimschulung mit den alleralltäglichsten Schwierigkeiten des Lebens fertigzuwerden. – Außerdem durften hier nur solche Dinge mitgeteilt werden, die von keinerlei Art von Gefahren begleitet sind für die körperliche und seelische Gesundheit. Es gibt ja auch andere Wege, die schneller zum Ziele führen; aber mit diesen hat, was hier gemeint ist, nichts zu tun, weil sie gewisse Wirkungen auf den Menschen haben können, die ein erfahrener Geheimkundiger nicht anstrebt. Da einiges von solchen Wegen doch immer wieder in die Öffentlichkeit dringt, so muss ausdrücklich davor gewarnt werden, sie zu betreten. Aus Gründen, die nur der Eingeweihte verstehen kann, können *diese* Wege nie in ihrer wahren Gestalt öffentlich bekannt gegeben werden. Und die Bruchstücke, die dort und da erscheinen, können zu nichts Gedeihlichem, wohl aber zur Untergrabung von Gesundheit, Glück und Seelenfrieden führen. Wer sich nicht ganz dunklen Mächten anvertrauen will, von deren wahrem Wesen und Ursprung er nichts wissen kann, der vermeide es, sich auf solche Dinge einzulassen.

Es kann noch einiges gesagt werden über die Umgebung, in welcher die Übungen der Geheimschulung vorgenommen werden sollen. Denn darauf kommt einiges an. Doch liegt die Sache fast für jeden Menschen anders. Wer in einer Umgebung übt, die nur von selbstsüchtigen Interessen, zum Beispiel von dem modernen Kampfe ums Dasein, erfüllt ist, der muss sich bewusst sein, dass diese Interessen nicht ohne Einfluss bleiben auf die Ausbildung seiner seelischen Organe. Zwar sind die inneren Gesetze dieser Organe so stark, dass dieser Einfluss nicht ein allzu schädlicher werden kann. Sowenig eine Lilie durch eine noch so unangemessene Umgebung zu einer Distel werden kann, so wenig kann sich das seelische Auge zu etwas anderem bilden, als wozu es bestimmt ist, auch wenn die selbstsüchtigen Interessen der modernen Städte darauf einwirken. Aber gut ist es unter allen Umständen, wenn der Geheimschüler ab und zu den stillen Frieden und die innere Würde und Anmut der Natur zu seiner Umgebung macht. Besonders günstig liegt die Sache bei dem, der seine Geheimschulung ganz in der grünen Pflanzenwelt oder zwischen sonnigen Bergen und dem lieben Weben der Einfalt vornehmen kann. Das treibt die inneren Organe in einer Harmonie heraus, die niemals in der modernen Stadt entstehen kann. Etwas besser als der bloße Stadtmensch ist auch schon derjenige gestellt, welcher wenigstens während seiner Kindheit Tannenluft atmen, Schneegipfel schauen und das stille Treiben der Waldtiere und Insekten beobachten durfte. Keiner derjenigen aber, denen es aufgegeben ist, in der Stadt zu leben, darf es unterlassen, seinen in Bildung begriffenen Seelen- und Geistesorganen als Nahrung die inspirierten Lehren der Geistesforschung zuzuführen. Wessen Auge nicht jeden Frühling die Wälder Tag für Tag in ihrem Grün verfolgen kann, der sollte dafür seinem Herzen die erhabenen Lehren der Bhagavad-Gita, des Johannes-Evangeliums, des Thomas von Kempen und die Darstellungen der geisteswissenschaftlichen Ergebnisse zuführen. Viele Wege gibt es zum Gipfel der Einsicht; aber eine richtige Wahl ist unerlässlich. – Der Geheimkundige weiß gar manches über solche Wege zu sagen, was dem Uneingeweihten absonderlich erscheint. Es kann zum Beispiel jemand sehr weit auf dem Geheimpfade sein. Er kann sozusagen unmittelbar vor dem Öffnen der seelischen Augen und geistigen Ohren stehen; und dann hat er das Glück, eine Fahrt über das ruhige oder vielleicht auch das wild bewegte Meer zu machen, und eine

Binde löst sich von seinen Seelenaugen: plötzlich wird er sehend. – Ein anderer ist ebenfalls so weit, dass diese Binde sich nur zu lösen braucht; es geschieht durch einen starken Schicksalsschlag. Auf einen anderen Menschen hätte dieser Schlag wohl den Einfluss gehabt, dass er seine Kraft lähmte, seine Energie untergrübe; für den Geheimschüler wird er zum Anlass der Erleuchtung. – Ein Dritter harrt in Geduld aus; Jahre hindurch hat er so geharrt, ohne eine merkliche Frucht. Plötzlich in seinem ruhigen Sitzen in der stillen Kammer wird es geistig Licht um ihn, die Wände verschwinden, werden seelisch durchsichtig, und eine neue Welt breitet sich vor seinem sehend gewordenen Auge aus oder erklingt seinem hörend gewordenen Geistesohre.

(Wie erlangt man Erkenntnisse der höheren Welten?, 1909)

Und so ist es ganz besonders mit einer Seeleneigenschaft, die für des Menschen Entwickelung ganz hervorragend bedeutsam ist; mit dem, was man Gefühl der *Verehrung* (Devotion) nennt. Wer dieses Gefühl in sich heranbildet oder es durch eine glückliche Naturgabe von vornherein besitzt, der hat einen guten Boden für die übersinnlichen Erkenntniskräfte. Wer in seiner Kindheits- und Jugendzeit mit hingebungsvoller Bewunderung zu Personen wie zu hohen Idealen hinaufschauen konnte, in dessen Seelengrund ist etwas, worinnen übersinnliche Erkenntnisse besonders gut gedeihen. Und wer bei reifem Urteile im späteren Leben zum Sternenhimmel blickt und in restloser Hingabe die Offenbarung hoher Mächte bewundernd empfindet, der macht sich eben dadurch reif zum Erkennen der übersinnlichen Welten. Ein Gleiches ist bei demjenigen der Fall, welcher die im Menschenleben waltenden Kräfte zu bewundern vermag. Und von nicht geringer Bedeutung ist es, wenn man auch noch als gereifter Mensch Verehrung bis zu den höchsten Graden für andere Menschen haben kann, deren Wert man ahnt oder zu erkennen glaubt. Nur wo solche Verehrung vorhanden ist, kann sich die Aussicht in die höheren Welten eröffnen. Wer nicht verehren kann, wird keinesfalls in seiner Erkenntnis besonders weit kommen. Wer nichts in der Welt anerkennen will, dem verschließt sich das Wesen der Dinge. – Wer sich jedoch durch das Gefühl der Verehrung und Hingabe dazu verführen lässt, das *gesunde* Selbstbewusstsein und Selbstvertrauen in sich ganz zu ertöten, der versündigt sich gegen das Gesetz des Gleichmaßes und Gleichgewichtes. Der Geistesschüler wird fortdauernd an sich arbeiten, um sich immer reifer und reifer zu machen; aber dann *darf* er auch das Vertrauen zu der eigenen Persönlichkeit haben und glauben, dass deren Kräfte immer mehr wachsen. Wer in sich zu richtigen Empfindungen nach dieser Richtung kommt, der sagt sich: In mir liegen Kräfte verborgen, und ich kann sie aus meinem Innern hervorholen. Ich brauche daher dort, wo ich etwas sehe, das ich verehren muss, weil es über mir steht, nicht bloß zu verehren, sondern ich darf mir zutrauen, alles das in mir zu entwickeln, was mich diesem oder jenem Verehrten gleichmacht. [...]

Von besonderer Wichtigkeit ist auch, *wie* Erlebnisse

in des Menschen Seele verarbeitet werden. Es kann zum Beispiel jemand die Erfahrung machen, dass eine von ihm oder andern verehrte Persönlichkeit diese oder jene Eigenschaft habe, die er als Charakterfehler bezeichnen muss. Durch eine solche Erfahrung kann der Mensch in einer zweifachen Richtung zum Nachdenken veranlasst werden. Er kann sich einfach sagen: Jetzt, nachdem ich dies erkannt habe, kann ich jene Persönlichkeit nicht mehr in derselben Art verehren wie früher. Oder aber er kann sich die Frage vorlegen: Wie ist es möglich, dass die verehrte Persönlichkeit mit jenem Fehler behaftet ist? Wie muss ich mir vorstellen, dass der Fehler nicht *nur* Fehler, sondern etwas durch das Leben der Persönlichkeit, vielleicht gerade durch ihre großen Eigenschaften Verursachtes ist? Ein Mensch, welcher sich diese Fragen vorlegt, wird vielleicht zu dem Ergebnis kommen, dass seine Verehrung nicht im Geringsten durch das Bemerken des Fehlers zu verringern ist. Man wird durch ein solches Ergebnis jedes Mal etwas gelernt haben, man wird seinem Lebensverständnis etwas beigefügt haben. Nun wäre es gewiss schlimm für denjenigen, der sich durch das Gute einer solchen Lebensbetrachtung verleiten ließe, bei Personen oder Dingen, welche seine Neigung haben, alles Mögliche zu entschuldigen oder etwa gar zu der Gewohnheit überzugehen, alles Tadelnswerte unberücksichtigt zu lassen, weil ihm das Vorteil bringt für seine innere Entwickelung. Dies Letztere ist nämlich dann *nicht* der Fall, wenn man durch sich selbst den Antrieb erhält, Fehler nicht bloß zu tadeln, sondern zu verstehen; sondern nur, wenn ein solches Verhalten durch den betreffenden Fall selbst gefordert wird, gleichgültig, was der Beurteiler dabei gewinnt oder verliert. Es ist durchaus richtig: *Lernen* kann man *nicht* durch die Verurteilung eines Fehlers, sondern *nur* durch dessen Verstehen. Wer aber wegen des Verständnisses durchaus das Missfallen ausschließen wollte, der käme auch nicht weit. Auch hier kommt es nicht auf Einseitigkeit in der einen oder andern Richtung an, sondern auf Gleichmaß und Gleichgewicht der Seelenkräfte.

(Die Geheimwissenschaft im Umriss, 1910)

SINNLICHKEITSFREIES DENKEN – ACHTSAMKEIT IM WAHRNEHMEN

Die innere Gediegenheit der imaginativen Erkenntnisstufe wird dadurch erreicht, dass die dargestellten seelischen Versenkungen (Meditationen) unterstützt werden von dem, was man die Gewöhnung an «sinnlichkeitsfreies Denken» nennen kann. Wenn man sich einen Gedanken aufgrund der Beobachtung in der physisch-sinnlichen Welt macht, so ist dieser Gedanke nicht sinnlichkeitsfrei. Aber es ist nicht etwa so, dass der Mensch *nur* solche Gedanken bilden könne. Das menschliche Denken braucht nicht leer und inhaltlos zu werden, wenn es sich nicht von sinnlichen Beobachtungen erfüllen lässt. Der sicherste und nächstliegende Weg für den Geistesschüler, zu solchem sinnlichkeitsfreien Denken zu kommen, kann der sein, die ihm von der Geisteswissenschaft mitgeteilten Tatsachen der höheren Welt zum

Eigentum seines Denkens zu machen. Diese Tatsachen können von den physischen Sinnen nicht beobachtet werden. Dennoch wird der Mensch bemerken, dass er sie *begreifen* kann, wenn er nur Geduld und Ausdauer genug hat. Man kann ohne Schulung nicht in der höheren Welt forschen, man kann darin nicht selbst Beobachtungen machen; aber man kann ohne die höhere Schulung alles verstehen, was die Forscher aus derselben mitteilen. Und wenn jemand sagt: Wie kann ich dasjenige auf Treu und Glauben hinnehmen, was die Geistesforscher sagen, da ich es doch nicht selbst sehen kann?, so ist dies völlig unbegründet. Denn es ist durchaus möglich, aus dem *bloßen* Nachdenken heraus die sichere Überzeugung zu erhalten: das Mitgeteilte ist wahr. Und wenn diese Überzeugung sich jemand durch Nachdenken nicht bilden kann, so rührt das nicht davon her, weil man unmöglich an etwas «glauben» könne, was man nicht sieht, sondern lediglich davon, dass man sein Nachdenken noch nicht vorurteilslos, umfassend, gründlich genug angewendet hat. Um in diesem Punkte Klarheit zu haben, muss man bedenken, dass das menschliche Denken, wenn es sich energisch innerlich aufrafft, mehr begreifen kann, als es in der Regel wähnt. In dem Gedanken selbst liegt nämlich schon eine innere Wesenheit, welche im Zusammenhang steht mit der übersinnlichen Welt. Die Seele ist sich gewöhnlich dieses Zusammenhanges nicht bewusst, weil sie *gewöhnt* ist, die Gedankenfähigkeit nur an der Sinnenwelt heranzuziehen. Sie hält deshalb für unbegreiflich, was ihr aus der übersinnlichen Welt mitgeteilt wird. Dies ist aber *nicht nur* begreiflich für ein durch Geistesschulung erzogenes Denken, sondern für *jedes* Denken, das sich seiner vollen Kraft bewusst ist und sich derselben bedienen will. – Dadurch, dass man sich unablässig zum Eigentum macht, was die Geistesforschung sagt, gewöhnt man sich an ein Denken, das nicht aus den sinnlichen Beobachtungen schöpft. Man lernt erkennen, wie im Innern der Seele Gedanke sich an Gedanke webt, wie Gedanke den Gedanken sucht, auch wenn die Gedankenverbindungen nicht durch die Macht der Sinnenbeobachtung bewirkt werden. Das Wesentliche dabei ist, dass man so gewahr wird, wie die Gedankenwelt inneres Leben hat, wie man sich, indem man wirklich denkt, im Bereiche einer übersinnlichen lebendigen Welt schon befindet. Man sagt sich: Es ist etwas in mir, was einen Gedanken-Organismus ausbildet; aber ich bin doch eines mit diesem «Etwas». Man erlebt so in der Hingabe an sinnlichkeitsfreies Denken, dass etwas Wesenhaftes besteht, was einfließt in unser Innenleben, wie die Eigenschaften der Sinnendinge durch unsere physischen Organe in uns einfließen, wenn wir sinnlich beobachten. Da draußen im Raume – so sagt sich der Beobachter der Sinnenwelt – ist eine Rose; sie ist mir nicht fremd, denn sie kündigt sich mir durch ihre Farbe und ihren Geruch an. Man braucht nun nur genug vorurteilslos zu sein, um sich dann, wenn das sinnlichkeitsfreie Denken in einem arbeitet, ganz entsprechend zu sagen: es kündigt sich mir ein Wesenhaftes an, welches in mir Gedanken an Gedanken bindet, welches einen Gedankenorganismus formt. Es besteht aber ein Unterschied in den Empfindungen gegenüber dem, was der Beobachter der äußeren Sinnenwelt im Auge hat, und dem, was sich wesenhaft in dem sinnlichkeitsfreien Denken ankündigt. Der erste Beobachter fühlt sich der Rose gegenüber außenstehend, derjenige, welcher dem sinnlichkeitsfreien Denken hingegeben ist, fühlt das in ihm sich ankündigende Wesenhafte wie *in sich,* er fühlt sich mit ihm eins. Wer mehr oder weniger bewusst nur das als wesenhaft gelten lassen will, was ihm wie ein äußerer Gegenstand gegenübertritt, der wird allerdings nicht das Gefühl erhalten können: was ein Wesenhaftes für sich ist, das kann sich mir auch dadurch ankündigen, dass ich mit ihm wie in eins vereinigt bin. Um in dieser Beziehung richtig zu sehen, muss man folgendes innere Erlebnis haben können. Man muss unterscheiden lernen zwischen den Gedankenverbindungen, die man durch eigene Willkür schafft, und denjenigen, welche man in sich erlebt, wenn man solche eigene Willkür in sich schweigen lässt. In dem letzteren Falle kann man dann sagen: Ich bleibe in mir ganz still; ich führe keine Gedankenverbindungen herbei; ich gebe mich dem hin, was «in mir denkt». Dann ist es vollberechtigt, zu sagen: in mir wirkt ein für sich Wesenhaftes, wie es berechtigt ist zu sagen: auf mich wirkt die Rose, wenn ich ein bestimmtes Rot sehe, einen bestimmten Geruch wahrnehme. – Es ist dabei kein Widerspruch, dass man doch den Inhalt seiner Gedanken aus den Mitteilungen der Geistesforscher schöpft. Die Gedanken sind dann zwar bereits da, wenn man sich ihnen hingibt; aber man kann sie nicht denken, wenn man sie nicht in jedem Falle in der Seele wieder neu nachschafft. Darauf eben kommt es an, dass der Geistesforscher solche Gedanken in seinem Zuhörer und Leser wachruft, welche diese *aus* sich erst holen müssen, während derjenige, welcher Sinnlich-Wirkliches beschreibt, auf etwas hindeutet, was von Zuhörer und Leser in der Sinnenwelt beobachtet werden kann.

(Es ist der Weg, welcher durch die Mitteilungen der Geisteswissenschaft in das sinnlichkeitsfreie Denken führt, ein durchaus sicherer. Es gibt aber noch einen andern, welcher sicherer und vor allem genauer, dafür aber auch für viele Menschen schwieriger ist. Er ist in meinen Büchern «Erkenntnistheorie der Goetheschen Weltanschauung» und «Philosophie der Freiheit» dargestellt. Diese Schriften geben wieder, was der menschliche Gedanke sich erarbeiten kann, wenn das Denken sich nicht den Eindrücken der physisch-sinnlichen Außenwelt hingibt, sondern *nur sich selbst.* Es arbeitet dann das reine Denken, nicht das bloß in Erinnerungen an Sinnliches sich ergehende in dem Menschen, wie eine in sich lebendige Wesenheit. Dabei ist in den genannten Schriften nichts aufgenommen aus den Mitteilungen der Geisteswissenschaft selbst. Und doch ist gezeigt, dass das reine, nur in sich arbeitende Denken Aufschlüsse gewinnen kann über die Welt, das Leben und den Menschen. Es stehen diese Schriften auf einer sehr wichtigen Zwischenstufe zwischen dem Erkennen der Sinnenwelt und dem der geistigen Welt. Sie bieten dasjenige, was das Denken gewinnen kann, wenn es sich erhebt über die sinnliche Beobachtung, aber noch den

Eingang vermeidet in die Geistesforschung. Wer diese Schriften auf seine ganze Seele wirken lässt, der steht schon in der geistigen Welt; nur dass sich diese ihm als Gedankenwelt gibt. Wer sich in der Lage fühlt, solch eine Zwischenstufe auf sich wirken zu lassen, der geht einen sicheren Weg; und er kann sich dadurch ein Gefühl gegenüber der höheren Welt erringen, das für alle Folgezeit ihm die schönsten Früchte tragen wird.)

(Die Geheimwissenschaft im Umriss, 1910)

Eine vierte Regel ist die: *Es obliegt mir, die Scheu vor dem sogenannten Abstrakten zu überwinden.*

Solange ein esoterischer Schüler an Begriffen hängt, die ihr Material aus der Sinneswelt nehmen, kann er keine Wahrheit über die höheren Welten erlangen. Er muss sich bemühen, sinnlichkeitsfreie Vorstellungen sich anzueignen. Von allen vier Regeln ist diese die schwerste, insbesondere in den Lebensverhältnissen unseres Zeitalters. Das materialistische Denken hat den Menschen in hohem Grade die Fähigkeit genommen, in sinnlichkeitsfreien Begriffen zu denken. Man muss sich bemühen, entweder solche Begriffe recht oft zu denken, welche in der äußeren sinnlichen Wirklichkeit niemals vollkommen, sondern nur annähernd vorhanden sind, zum Beispiel den Begriff des Kreises. Ein vollkommener Kreis ist nirgends vorhanden, er kann nur gedacht werden, aber allen kreisförmigen Gebilden liegt dieser gedachte Kreis als ihr Gesetz zugrunde. Oder man kann ein hohes sittliches Ideal denken; auch dieses kann in seiner Vollkommenheit von keinem Menschen ganz verwirklicht werden, aber es liegt vielen Taten der Menschen zugrunde als ihr Gesetz. Niemand kommt in einer esoterischen Entwickelung vorwärts, der nicht die ganze Bedeutung dieses sogenannten Abstrakten für das Leben einsieht und seine Seele mit den entsprechenden Vorstellungen bereichert.

(Weitere Regeln …, ca. 1907)

SEIN – DENKEN – FÜHLEN – WOLLEN

Tritt zu einer solchen Selbstzucht eine Meditation, welche den Anweisungen der Geisteswissenschaft entspricht, dann kommt die in der Gegend der Magengrube befindliche Lotusblume in der richtigen Weise zum Reifen, und das, was durch die vorher geschilderten geistigen Sinnesorgane nur Form und Wärme hatte, erhält geistig Licht und Farbe. Und dadurch enthüllen sich z. B. Talente und Fähigkeiten von Seelen, Kräfte und verborgene Eigenschaften in der Natur. Die Farbenaura der belebten Wesen wird dadurch sichtbar; das, was um uns ist, kündigt dadurch seine seelenhaften Eigenschaften an. – Man wird zugeben, dass gerade in der Entwickelung auf diesem Gebiete die allergrößte Sorgfalt notwendig ist, denn das Spiel unbewusster Erinnerungen ist hier ein unermesslich reges. Wäre das nicht der Fall, so würden viele Menschen gerade den hier infrage kommenden Sinn haben, denn er tritt fast sogleich auf, wenn der Mensch wirklich die Eindrücke seiner Sinne ganz und gar so in seiner Gewalt hat, dass sie nur mehr seiner Aufmerksamkeit oder Unaufmerksamkeit unterworfen sind. Nur solange die Macht der äußeren Sinne diesen seelischen Sinn in Dämpfung und Dumpfheit erhält, bleibt er unwirksam.

(Wie erlangt man Erkenntnisse der höheren Welten?, 1909)

Morgens früh, sogleich nach dem Erwachen, wenn noch keine anderen Eindrücke des Tages durch die Seele gezogen sind, gibt man sich seiner Meditation hin. Man versucht, innerlich ganz still zu werden, das heißt, man lenkt alle Aufmerksamkeit ab von äußeren Eindrücken und auch von allen Erinnerungen an das alltägliche Leben. Man sucht auch die Seele frei zu machen von allen Bekümmernissen und Sorgen, die einen etwa gerade in dieser Zeit bedrücken. Dann beginnt die Meditation. Um sich die innere Stille zu erleichtern, lenke man vorerst das Bewusstsein auf eine einzige Vorstellung, etwa «Ruhe», versenke sich ganz in dieselbe und lasse sie dann aus dem Bewusstsein verschwinden, sodass man dann gar keine Vorstellung in der Seele hat und ganz allein den Inhalt der folgenden sieben Zeilen in ihr aufleben lässt. Diese sieben Zeilen müssen nun *fünf* Minuten im Bewusstsein leben. Wollen sich andere Vorstellungen herandrängen, so kehrt man immer wieder zu diesen sieben Zeilen zurück, in die man sich ganz versenkt.

[eigenhändig eingetragener Meditationsspruch, z. B.:]

Strahlender als die Sonne
Reiner als der Schnee
Feiner als der Äther
Ist das Selbst
Der Geist in meinem Herzen
Dies Selbst bin *Ich*
Ich *bin* dies Selbst.

Nachdem man dies durch fünf Minuten durchgeübt hat, gehe man zu Folgendem über.

Man macht einen ruhigen, kräftigen Atemzug; nach der Einatmung atmet man gleich ebenso ruhig und kräftig aus, sodass zwischen Einatmung und Ausatmung keine Pause ist. Dann enthält man sich eine kleine Weile des Atmens, bestrebt sich also, die Atemluft ganz außer dem Körper zu lassen.

Es sollen ungefähr folgende Zeitverhältnisse eingehalten werden: Beim Einatmen ist die Zeit beliebig, man gestaltet den Atemzug so lange, als seinen Kräften entsprechend ist, die Ausatmung soll dann zweimal so lang dauern als die Einatmung und das Atementhalten dreimal so lang als das Einatmen. Wenn man also zum Beispiel zum Einatmen zwei Sekunden braucht, dann entfallen auf das Ausatmen vier, auf die Atementhaltung sechs Sekunden. Dieses Einatmen, Ausatmen, Atementhalten wiederholt man viermal.

Beim Ein- und Ausatmen denkt man an nichts, sondern lenkt die Aufmerksamkeit ganz auf das Atmen;

dagegen konzentriert man beim ersten Atementhalten sich ganz auf den Punkt zwischen und etwas hinter den Augenbrauen, also an der Nasenwurzel (etwas im Innern des Vordergehirns), und erfüllt dabei das Bewusstsein allein mit den Worten:

Ich bin.

Während des zweiten Atementhaltens konzentriert man sich auf einen Punkt im Innern des Kehlkopfes und erfüllt dabei das Bewusstsein allein mit der Vorstellung:

Es denkt.

Während des dritten Atementhaltens konzentriert man sich auf seine beiden Arme und Hände. Man hält dabei die Hände so, dass sie entweder gefaltet sind oder dass die Rechte über die Linke gelegt ist. Dabei erfüllt man das Bewusstsein allein mit der Vorstellung:

Sie fühlt.

Während des vierten Atementhaltens konzentriert man sich auf seine ganze Körperoberfläche, also man stellt sich selbst leiblich möglichst klar vor und erfüllt dabei sein Bewusstsein mit der Vorstellung:

Er will.

(Man wird, wenn man diese Konzentrationsübungen einige Wochen energisch fortsetzt, an den Stellen, auf die man sich konzentriert, etwas fühlen, also an der Nasenwurzel, im Kehlkopf, einen Strom in den Händen und Armen, und an der ganzen äußeren Körperoberfläche beim Konzentrieren auf die betreffenden Stellen.)

(Beim Konzentrieren auf Arme und Hände wird man fühlen, wie die Letzteren durch eine Kraft auseinandergetrieben werden; man lasse sie dann auseinandergehen, das heißt der Kraft folgen; aber man suggeriere sich dies nicht. Es muss ganz von selbst eintreten.)

(Im Obigen bedeutet bei «Es denkt» das «Es» = das allgemeine Weltdenken, das unpersönlich in unseren Worten leben soll. Bei «Sie fühlt» bedeutet «Sie» = die Weltseele; das heißt, wir sollen nicht persönlich fühlen, sondern unpersönlich im Sinne der Weltenseele; bei «Er will» bedeutet «Er» = Gott, in dessen Willen wir unser ganzes Sein stellen.)

Hat man diese vier Atemzüge vollendet, so erfülle man für eine Weile das Bewusstsein ganz allein mit der *einen* Vorstellung, in die man sich ganz versenkt, sodass nichts anderes während dieser Zeit die Seele erfüllt. Diese Vorstellung ist:

[eigenhändig eingetragene Meditationsformel, z. B.:]

Ich bin beständig.

Dann gehe man dazu über, sich fünf Minuten lang ganz in sein eigenes göttliches Ideal zu versenken. Das muss mit aller Devotion (Andacht) geschehen. Diese ganze

Meditation braucht nicht länger als fünfzehn Minuten zu dauern. Bei allen oben angegebenen Zeitverhältnissen richte man sich nicht nach der Uhr, sondern nach dem Gefühle. Man achte darauf, dass man eine solche Körperlage einnehme, dass man auch durch den eigenen Körper, zum Beispiel durch Ermüdung, nicht abgelenkt werden könne.

Abends: Rückschau auf die Tageserlebnisse. Von rückwärts nach vorne.

(Hauptübung, nicht datiert)

V. DAS HIMMELSGEFLECHT- ODER SAKRALCHAKRA

Zur Ausbildung des sechsten Chakras, des sogenannten Himmelsgeflecht- oder Sakralchakras, findet sich im schriftlichen Werk Rudolf Steiners nur eine einlässliche Textpassage. Sie stammt aus Wie erlangt man Erkenntnisse der höheren Welten?. *Es geht hierbei um das Gleichgewicht, um die Harmonie von Leib, Seele und Geist. Diese führe zum «Verkehr mit Wesen, die den höheren Welten angehören», und zur Wahrnehmung des «inneren Wortes», wie sie dann weiter unten im Text ausgeführt werden. Der Erklärung, die Steiner zum sechsblättrigen Sakralchakra gibt, lassen sich ebenfalls einzelne Aspekte aus den «Praktischen Gesichtspunkten» und den «Bedingungen zur Geheimschulung» zuordnen. Das Thema der Harmonie, des Zusammenklangs von Leib, Seele und Geist taucht in anderen Werken Steiners gleichfalls auf, im Verhältnis von Denken, Fühlen und Wollen. Dort kann man das Denken in Verbindung mit dem Geist bringen, das Fühlen in Verbindung mit der Seele und den Willen in Verbindung mit dem Leib, wie aus der entsprechenden Passage aus der* Geheimwissenschaft im Umriss *zu ersehen ist.*

Eine wesentliche Ergänzung zu den geistigen Schulungsaspekten bietet der Vortrag vom 27. August 1913, in dem Rudolf Steiner – im dritten Jahr der Aufführungen seiner Mysteriendramen in München – über das Thema «Schwelle der geistigen Welt» spricht. Steiner betont hier, dass die Entwicklung guter Charaktereigenschaften einen wesentlichen Einfluss auf die Qualität der übersinnlichen Wahrnehmung habe. Dies brauche der Mensch, um nicht den Verführungen durch die ahrimanischen und luzife-

rischen Widersachermächte zu verfallen, die auch seine hellsichtigen Erfahrungen beeinträchtigen könnten.

Schwieriger als die Ausbildung der beschriebenen Lotusblume ist diejenige der sechsblätterigen, welche sich in der Körpermitte befindet. Denn zu dieser Ausbildung muss die vollkommene Beherrschung des ganzen Menschen durch das Selbstbewusstsein angestrebt werden, sodass bei ihm Leib, Seele und Geist in einer vollkommenen Harmonie sind. Die Verrichtungen des Leibes, die Neigungen und Leidenschaften der Seele, die Gedanken und Ideen des Geistes müssen in einen vollkommenen Einklang miteinander gebracht werden. Der Leib muss so veredelt und geläutert werden, dass seine Organe zu nichts drängen, was nicht im Dienste der Seele und des Geistes geschieht. Die Seele soll durch den Leib nicht zu Begierden und Leidenschaften gedrängt werden, die einem reinen und edlen Denken widersprechen. Der Geist aber soll nicht wie ein Sklavenhalter mit seinen Pflichtgeboten und Gesetzen über die Seele herrschen müssen; sondern diese soll aus eigener freier Neigung den Pflichten und Geboten folgen. Nicht wie etwas, dem er sich widerwillig fügt, soll die Pflicht über dem Geheimschüler schweben, sondern wie etwas, das er vollführt, weil er es liebt. Eine freie Seele, die im Gleichgewichte zwischen Sinnlichkeit und Geistigkeit steht, muss der Geheimschüler entwickeln. Er muss es dahin bringen, dass er sich seiner Sinnlichkeit überlassen darf, weil diese so geläutert ist, dass sie die Macht verloren hat, ihn zu sich herabzuziehen. Er soll es nicht mehr nötig haben, seine Leidenschaften zu zügeln, weil diese von selbst dem Rechten folgen. Solange der Mensch es nötig hat, sich zu kasteien, kann er nicht Geheimschüler auf einer gewissen Stufe sein. Eine Tugend, zu der man sich erst zwingen muss, ist für die Geheimschülerschaft noch wertlos. Solange man eine Begierde noch hat, stört diese die Schülerschaft, auch wenn man sich bemüht, ihr nicht zu willfahren. Und es ist einerlei, ob diese Begierde mehr dem Leibe oder mehr der Seele angehört. Wenn jemand z. B. ein bestimmtes Reizmittel vermeidet, um durch die Entziehung des Genusses sich zu läutern, so hilft ihm dies nur dann, wenn sein Leib durch diese Enthaltung keine Beschwerden erleidet. Ist Letzteres der Fall, so zeigt es, dass der Leib das Reizmittel begehrt, und die Enthaltung ist wertlos. In diesem Falle kann es eben durchaus sein, dass der Mensch zunächst auf das angestrebte Ziel verzichten muss und warten, bis günstigere sinnliche Verhältnisse – vielleicht erst in einem anderen Leben – für ihn vorliegen. Ein vernünftiger Verzicht ist in einer gewissen Lage eine viel größere Errungenschaft als das Erstreben einer Sache, die unter gegebenen Verhältnissen eben nicht zu erreichen ist. Ja, es fördert solch ein vernünftiger Verzicht die Entwickelung mehr als das Entgegengesetzte.

Wer die sechsblätterige Lotusblume entwickelt hat, der gelangt zum Verkehr mit Wesen, die den höheren Welten angehören, jedoch nur dann, wenn deren Dasein sich in der Seelenwelt zeigt. Die Geheimschulung empfiehlt aber nicht eine Entwickelung dieser Lotusblume, bevor der Schüler nicht auf dem Wege weit vorgeschritten ist, durch den er seinen Geist in eine noch höhere Welt erheben kann. Dieser Eintritt in die eigentliche Geisteswelt muss nämlich immer die Ausbildung der Lotusblumen begleiten. Sonst gerät der Schüler in Verwirrung und Unsicherheit. Er würde zwar sehen lernen, aber es fehlte ihm die Fähigkeit, das Gesehene in der richtigen Weise zu beurteilen. – Nun liegt schon in dem, was zur Ausbildung der sechsblätterigen Lotusblume verlangt wird, eine gewisse Bürgschaft gegen Verwirrung und Haltlosigkeit. Denn nicht leicht wird jemand in diese Verwirrung zu bringen sein, der das vollkommene Gleichgewicht zwischen Sinnlichkeit (Leib), Leidenschaft (Seele) und Idee (Geist) erlangt hat. Dennoch ist noch mehr notwendig als diese Bürgschaft, wenn durch Entwickelung der sechsblätterigen Lotusblume dem Menschen Wesen mit Leben und Selbstständigkeit wahrnehmbar werden, welche einer Welt angehören, die von derjenigen seiner physischen Sinne so durchaus verschieden ist. Um Sicherheit in diesen Welten zu haben, genügt ihm nicht das Ausbilden der Lotusblumen, sondern er muss da noch höhere Organe zu seiner Verfügung haben. Es soll nun über die Entwickelung dieser noch höheren Organe gesprochen werden; dann kann auch von den anderen Lotusblumen und der anderweitigen Organisation des Seelenleibes die Rede sein.

(Wie erlangt man Erkenntnisse der höheren Welten?, 1909)

Und damit ist auf die fünfte Bedingung gedeutet: die Standhaftigkeit in der Befolgung eines einmal gefassten Entschlusses. Nichts darf den Geheimschüler dazu bringen, von einem gefassten Entschluss abzukommen, als lediglich die Einsicht, dass er im Irrtume befangen ist. Jeder Entschluss ist eine Kraft, und wenn diese Kraft auch nicht einen unmittelbaren Erfolg da hat, wohin sie zunächst gewandt ist, sie wirkt in ihrer Weise. Der Erfolg ist nur entscheidend, wenn man eine Handlung aus Begierde vollbringt. Aber alle Handlungen, die aus Begierde vollbracht werden, sind wertlos gegenüber der höheren Welt. Hier entscheidet allein die *Liebe* zu einer Handlung. In dieser *Liebe* soll sich ausleben alles, was den Geheimschüler zu einer Handlung treibt. Dann wird er auch nicht erlahmen, einen Entschluss immer wieder in Tat umzusetzen, wie oft er ihm auch misslungen sein mag. Und so kommt er dazu, nicht erst die *äußeren* Wirkungen seiner Taten abzuwarten, sondern sich an den Handlungen selbst zu befriedigen. Er wird lernen, seine Taten, ja sein ganzes Wesen der Welt zu opfern, wie auch immer diese sein Opfer aufnehmen mag. Zu solchem Opferdienst muss sich bereit erklären, wer Geheimschüler werden will.

Eine sechste Bedingung ist die Entwickelung des Gefühles der *Dankbarkeit* gegenüber allem, was dem Menschen zukommt. Man muss wissen, dass das eigene Dasein ein Geschenk des ganzen Weltalls ist. Was ist alles notwendig, damit jeder von uns sein Dasein empfangen und fristen kann! Was verdanken wir der Natur und anderen Menschen! Zu solchen Gedanken müssen diejenigen geneigt sein, die Geheimschulung wollen. Wer sich ihnen nicht hingeben kann, der vermag nicht in sich jene *Allliebe* zu entwickeln, die notwendig ist, um zu höherer Erkenntnis zu kommen. Etwas, das ich nicht liebe, kann sich mir nicht offenbaren. Und eine jede Offenbarung muss mich mit Dank erfüllen, denn ich werde durch sie reicher.

Alle die genannten Bedingungen müssen sich in einer siebenten vereinigen: das Leben unablässig in dem Sinne aufzufassen, wie es die Bedingungen fordern. Dadurch schafft sich der Zögling die Möglichkeit, seinem Leben ein einheitliches Gepräge zu geben. Seine einzelnen Lebensäußerungen werden miteinander im Einklang, nicht im Widerspruche stehen. Er wird zu der Ruhe vorbereitet sein, zu welcher er kommen muss während der ersten Schritte in der Geheimschulung.

Hat jemand den ernsten und ehrlichen Willen, die angegebenen Bedingungen zu erfüllen, dann mag er sich zur Geistesschulung entschließen. Er wird sich dann bereitfinden, die angeführten Ratschläge zu befolgen. Es mag gar manchem vieles an diesen Ratschlägen wie etwas Äußerliches erscheinen. Ein solcher wird vielleicht sagen, er hätte erwartet, dass die Schulung in weniger strengen Formen verlaufen sollte. Aber alles Innere muss sich in einem Äußeren ausleben. Und ebenso wenig, wie ein Bild schon da ist, wenn es bloß im Kopf des Malers existiert, ebenso wenig kann eine Geheimschulung ohne äußeren Ausdruck sein. Nur diejenigen achten die strengen Formen gering, welche nicht wissen, dass im Äußeren das Innere zum Ausdruck kommen muss. Es ist wahr, dass es auf den *Geist* einer Sache ankommt und nicht auf die Form. Aber so wie die Form ohne den Geist nichtig ist, so wäre der Geist tatenlos, wenn er sich nicht eine Form erschüfe.

Die gestellten Bedingungen sind geeignet, den Geheimschüler stark genug zu machen, um auch die weiteren Forderungen zu erfüllen, welche die Geistesschulung an ihn stellen muss. Fehlen ihm diese Bedingungen, dann wird er vor jeder neuen Anforderung mit Bedenken stehen. Er wird ohne sie das Vertrauen nicht zu den Menschen haben können, das für ihn notwendig ist. Und auf Vertrauen und wahre Menschenliebe muss alles Wahrheitsstreben gebaut sein. Es muss darauf *gebaut* sein, obgleich es *nicht* daraus entspringen, sondern nur aus der eigenen Seelenkraft quellen kann. Und die Menschenliebe muss sich allmählich erweitern zur Liebe zu allen Wesen, ja zu allem Dasein. Wer die genannten Bedingungen nicht erfüllt, wird auch nicht die volle Liebe zu allem Aufbauen, zu allem Schaffen haben, und die Neigung, alle Zerstörung, alles Vernichten als solche zu unterlassen. Der Geheimschüler muss so werden, dass er nie etwas vernichtet um des Vernichtens willen, nicht in Handlungen, aber auch nicht in Worten, Gefühlen und Gedanken. Für ihn soll es Freude am Entstehen, am Werden geben; und nur dann darf er die Hand bieten zu einer Vernichtung, wenn er auch imstande ist, aus und durch die Vernichtung neues Leben zu fördern. Damit ist nicht gemeint, dass der Geheimschüler zusehen darf, wie das Schlechte überwuchert; aber er soll sogar am Schlechten diejenigen

Seiten suchen, durch die er es in ein Gutes wandeln kann. Er wird sich immer klarer darüber, dass die richtigste Bekämpfung des Schlechten und Unvollkommenen das Schaffen des Guten und Vollkommenen ist. Der Geheimschüler weiß, dass aus dem Nichts nicht etwas geschaffen werden kann, dass aber das Unvollkommene in ein Vollkommenes umgewandelt werden kann. Wer in sich die Neigung zum Schaffen entwickelt, der findet auch bald die Fähigkeit, sich dem Schlechten gegenüber richtig zu verhalten.

Wer in eine Geheimschulung sich einlässt, muss sich klarmachen, dass durch sie gebaut und nicht zerstört werden soll. Er soll daher den Willen zur ehrlichen, hingebungsvollen Arbeit, nicht zur Kritik und zum Zerstören mitbringen. Er soll der *Andacht* fähig sein, denn man soll lernen, was man noch nicht weiß. Man soll andächtig zu dem blicken, was sich erschließt. Arbeit und Andacht: das sind Grundgefühle, die von dem Geheimschüler gefordert werden müssen. Mancher wird erfahren müssen, dass er in der Schulung nicht vorwärtskommt, trotzdem er, nach seiner Ansicht, rastlos tätig ist. Es kommt davon her, dass er die Arbeit und Andacht nicht im rechten Sinne erfasst hat. Diejenige Arbeit wird den geringsten Erfolg haben, die um dieses Erfolges willen unternommen wird, und dasjenige Lernen wird am wenigsten vorwärtsbringen, das ohne Andacht verläuft. Die *Liebe* zur Arbeit, nicht zum Erfolg, bringt allein vorwärts. Und wenn der Lernende gesundes Denken und sicheres Urteilen sucht, so braucht er sich nicht durch Zweifel und Misstrauen die Andacht zu verkümmern.

Man braucht nicht zu sklavischer Abhängigkeit im Urteilen zu kommen, wenn man einer Mitteilung, die man empfängt, nicht zuerst die eigene Meinung, sondern eine ruhige Andacht und Hingabe entgegenbringt. Diejenigen, welche in der Erkenntnis einiges erlangt haben, wissen, dass sie nicht dem eigensinnigen persönlichen Urteile, sondern dem ruhigen Hinhorchen und Verarbeiten alles verdanken. – Man soll stets im Auge behalten, dass man das nicht mehr zu lernen braucht, was man schon beurteilen kann. Will man also *nur* urteilen, so kann man überhaupt nicht mehr lernen. In der Geheimschulung kommt es aber auf das Lernen an. Man soll da ganz und gar den Willen haben, ein Lernender zu sein. Kann man etwas nicht verstehen, dann urteile man lieber gar nicht, als dass man verurteile. Man lasse sich dann das Verständnis für eine spätere Zeit. – Je höher man die Stufen der Erkenntnis hinansteigt, desto mehr hat man dieses ruhige, andächtige Hinhorchen nötig. Alles Erkennen der Wahrheit, alles Leben und Handeln in der Welt des Geistes wird auf höheren Gebieten subtil, zart im Vergleich mit den Verrichtungen des gewöhnlichen Verstandes und des Lebens in der physischen Welt. Je mehr sich die Kreise des Menschen erweitern, desto feiner werden die Verrichtungen, die er vorzunehmen hat. – Weil dies so ist, deshalb kommen die Menschen in Bezug auf höhere Gebiete zu so verschiedenen «Ansichten» und «Standpunkten». Allein, es gibt auch über höhere Wahrheiten in Wirklichkeit nur *eine* Meinung. Man kann zu dieser *einen* Meinung kommen, wenn man sich durch Arbeit und Andacht dazu erhoben hat, die Wahrheit wirklich zu schauen. Nur derjenige kann zu einer Ansicht kommen, die von der einen wahren abweicht, der, nicht genügend vorbereitet, nach seinen Lieblingsvorstellungen, seinen gewohnten Gedanken und so weiter urteilt. Wie es nur eine Ansicht über einen mathematischen Lehrsatz gibt, so auch über die Dinge der höheren Welten. Aber man muss sich erst vorbereiten, um zu einer solchen «Ansicht» kommen zu können. Wenn man das bedenken wollte, so würden für niemand die Bedingungen der Geheimlehrer etwas Überraschendes haben. Es ist durchaus richtig, dass die Wahrheit und das höhere Leben in jeder Menschenseele wohnen und dass sie ein *jeder selbst* finden kann und muss. Aber sie liegen tief und können nur nach Hinwegräumung von Hindernissen aus ihren tiefen Schächten heraufgeholt werden. Wie man das vollbringt, darüber kann nur raten, wer Erfahrung in der Geheimwissenschaft hat. Solchen Rat gibt die Geisteswissenschaft. Sie drängt niemand eine Wahrheit auf, sie verkündet kein Dogma; sie zeigt aber einen Weg. Zwar könnte jeder – vielleicht aber erst nach vielen Verkörperungen – diesen Weg auch allein finden; doch ist es eine Verkürzung des Weges, was in der Geheimschulung erreicht wird. Der Mensch gelangt dadurch früher zu einem Punkte, auf dem er mitwirken kann in den Welten, wo das Menschenheil und die Menschenentwickelung durch geistige Arbeit gefördert werden.

(Wie erlangt man Erkenntnisse der höheren Welten?, 1909)

Wenn der Geistesschüler auf dem Wege in die höheren Erkenntniswelten aufsteigt, so bemerkt er auf einer gewissen Stufe, dass das Zusammenhalten der Kräfte seiner Persönlichkeit eine andere Form annimmt, als es in der physisch-sinnlichen Welt hat. In dieser bewirkt das Ich ein einheitliches Zusammenwirken der Seelenkräfte, zunächst des Denkens, Fühlens und Wollens. Diese drei Seelenkräfte stehen ja in den gewöhnlichen menschlichen Lebenslagen jeweilig immer in gewissen Beziehungen. Man sieht z.B. ein gewisses Ding in der Außenwelt. Es gefällt oder missfällt der Seele. Das heißt, es schließt sich mit einer gewissen Notwendigkeit an die Vorstellung des Dinges ein Gefühl der Lust oder Unlust. Man begehrt auch wohl das Ding oder erhält den Impuls, es in dieser oder jener Richtung zu ändern. Das heißt: Begehrungsvermögen und Wille gesellen sich zu einer Vorstellung und einem Gefühle hinzu. Dass dieses Zusammengesellen stattfindet, wird bewirkt dadurch, dass das Ich Vorstellen (Denken), Fühlen und Wollen einheitlich zusammenschließt und auf diese Art Ordnung in die Kräfte der Persönlichkeit bringt. Diese *gesunde* Ordnung würde unterbrochen, wenn sich das Ich nach dieser Richtung machtlos erwiese, wenn z.B. die Begierde einen andern Weg gehen wollte als das Gefühl oder die Vorstellung. Ein Mensch wäre nicht in einer gesunden Seelenverfassung, welcher zwar dächte, dass dies oder jenes richtig sei, aber nun etwas wollte, wovon er nicht die Ansicht hat, dass es richtig ist. Ebenso wäre es, wenn jemand nicht das wollte, was ihm gefällt, sondern das, was ihm missfällt. Nun bemerkt der

Mensch, dass auf dem Wege zur höheren Erkenntnis Denken, Fühlen und Wollen in der Tat sich sondern und jedes eine gewisse Selbstständigkeit annimmt, dass z.B. ein bestimmtes Denken nicht mehr wie durch sich selbst zu einem bestimmten Fühlen und Wollen drängt. Es stellt sich die Sache so, dass man im Denken etwas richtig wahrnehmen kann, dass man aber, um überhaupt zu einem Gefühle oder zu einem Willensentschluss zu kommen, wieder aus sich heraus einen selbstständigen Antrieb braucht. Denken, Fühlen und Wollen bleiben eben während der übersinnlichen Betrachtung nicht drei *Kräfte,* welche aus dem gemeinsamen Ich-Mittelpunkte der Persönlichkeit ausstrahlen, sondern sie werden wie zu selbstständigen Wesenheiten, gleichsam zu drei Persönlichkeiten; und man muss jetzt das eigene Ich umso stärker machen, denn es soll nicht bloß in drei Kräfte Ordnung bringen, sondern drei Wesenheiten lenken und führen. Aber diese Teilung darf eben nur während der übersinnlichen Betrachtung bestehen. Und wieder tritt es hier deutlich zutage, wie wichtig es ist, neben den Übungen zu höherer Schulung diejenigen einhergehen zu lassen, welche der Urteilsfähigkeit, dem Gefühls- und Willensleben Sicherheit und Festigkeit geben. Denn bringt man diese nicht mit in die höhere Welt, so wird man alsbald sehen, wie sich das Ich schwach erweist und kein ordentlicher Lenker sein kann des Denkens, Fühlens und Wollens. Die Seele würde, wenn diese Schwäche vorhanden wäre, wie von drei Persönlichkeiten in die verschiedenen Richtungen gezerrt, und ihre innere Geschlossenheit müsste aufhören. Wenn die Entwickelung des Geistesschülers aber in der rechten Art verläuft, so bedeutet die gekennzeichnete Kräftewandlung einen wahren Fortschritt; das Ich bleibt über die selbstständigen Wesenheiten, welche nun seine Seele bilden, der Herrscher. – Im weiteren Verlaufe der Entwickelung schreitet die angedeutete Entwickelung dann fort. Das Denken, das selbstständig geworden ist, regt das Auftreten einer besonderen vierten seelisch-geistigen Wesenheit an, welche man bezeichnen kann wie ein unmittelbares Einfließen von Strömungen in den Menschen, die den Gedanken ähnlich sind. Die ganze Welt erscheint da als Gedankengebäude, das vor einem steht wie die Pflanzen- oder Tierwelt im physisch-sinnlichen Gebiete. Ebenso regen das selbstständig gewordene Fühlen und Wollen zwei Kräfte in der Seele an, welche in derselben wie selbstständige Wesen wirken. Und noch eine siebente Kraft und Wesenheit kommt dazu, welche ähnlich dem eigenen Ich selber ist.

Dieses ganze Erlebnis verbindet sich noch mit einem andern. Vor dem Betreten der übersinnlichen Welt kannte der Mensch Denken, Fühlen und Wollen nur als innere Seelenerlebnisse. Sobald er die übersinnliche Welt betritt, nimmt er Dinge wahr, welche nicht Sinnlich-Physisches ausdrücken, sondern Seelisch-Geistiges. Hinter den von ihm wahrgenommenen Eigenschaften der neuen Welt stehen jetzt seelisch-geistige Wesenheiten. Und diese bieten sich ihm jetzt so dar als eine Außenwelt, wie sich ihm im physisch-sinnlichen Gebiet Steine, Pflanzen und Tiere vor die Sinne gestellt haben. Es kann nun der Geistesschüler einen bedeutsamen Unterschied wahrnehmen zwischen der sich ihm erschließenden seelisch-geistigen Welt und derjenigen, welche er gewohnt war, durch seine physischen Sinne wahrzunehmen. Eine Pflanze der sinnlichen Welt bleibt, wie sie ist, was auch des Menschen Seele über sie fühlt oder denkt. Das ist bei den Bildern der seelisch-geistigen Welt zunächst nicht der Fall. Sie ändern sich, je nachdem der Mensch dieses oder jenes empfindet oder denkt. Dadurch gibt ihnen der Mensch ein Gepräge, das von seinem eigenen Wesen abhängt. Man stelle sich vor, ein gewisses Bild trete in der imaginativen Welt vor dem Menschen auf. Verhält er sich zunächst in seinem Gemüte gleichgültig dagegen, so zeigt es sich in einer gewissen Gestalt. In dem Augenblicke aber, wo er Lust oder Unlust gegenüber dem Bilde empfindet, ändert es seine Gestalt. Die Bilder drücken somit zunächst nicht nur etwas aus, was selbstständig außerhalb des Menschen ist, sondern sie spiegeln auch dasjenige, was der Mensch selbst ist. *Sie* sind ganz und gar durchsetzt von des Menschen eigener Wesenheit. Diese legt sich wie ein Schleier über die Wesenheiten hin. Der Mensch sieht dann, wenn auch eine wirkliche Wesenheit ihm gegenübersteht, nicht diese, sondern sein eigenes Erzeugnis. So kann er zwar durchaus Wahres vor sich haben und doch Falsches sehen. Ja, das ist nicht nur der Fall mit Bezug auf das, was der Mensch als seine Wesenheit selbst an sich bemerkt; sondern alles, was an ihm ist, wirkt auf diese Welt ein. Es kann z. B. der Mensch verborgene Neigungen haben, die im Leben durch Erziehung und Charakter nicht zum Vorschein kommen; auf die geistig-seelische Welt wirken sie; und diese bekommt die eigenartige Färbung durch das ganze Wesen des Menschen, gleichgültig, wie viel er von diesem Wesen selbst weiß oder nicht weiß. – Um weiter fortschreiten zu können von dieser Stufe der Entwickelung aus, ist es notwendig, dass der Mensch unterscheiden lerne zwischen sich und der geistigen Außenwelt. Es wird nötig, dass er alle Wirkungen des eigenen Selbstes auf die um ihn befindliche seelisch-geistige Welt ausschalten lerne. Man kann das nicht anders, als wenn man sich eine Erkenntnis erwirbt von dem, was man selbst in die neue Welt hineinträgt. Es handelt sich also darum, dass man zuerst wahre, durchgreifende Selbsterkenntnis habe, um dann die umliegende geistig-seelische Welt rein wahrnehmen zu können. Nun bringen es gewisse Tatsachen der menschlichen Entwickelung mit sich, dass solche Selbsterkenntnis beim Eintritte in die höhere Welt wie naturgemäß stattfinden *muss*. Der Mensch entwickelt ja in der gewöhnlichen physisch-sinnlichen Welt sein Ich, sein Selbstbewusstsein. Dieses Ich wirkt nun wie ein Anziehungs-Mittelpunkt auf alles, was zum Menschen gehört. Alle seine Neigungen, Sympathien, Antipathien, Leidenschaften, Meinungen usw. gruppieren sich gleichsam um dieses Ich herum. Und es ist dieses Ich auch der Anziehungspunkt für das, was man das Karma des Menschen nennt. Würde man dieses Ich unverhüllt sehen, so würde man an ihm auch bemerken, dass bestimmt geartete Schicksale es noch in dieser und den folgenden Verkörperungen treffen müssen, je nachdem es in den vorigen Verkörperungen so oder so gelebt, sich dieses oder jenes angeeignet hat. Mit alledem, was so am Ich haftet, *muss* es nun als erstes Bild vor die Menschenseele treten, wenn diese in die seelisch-geistige Welt aufsteigt. Dieser Doppelgänger des Menschen muss, nach einem Gesetz der geistigen Welt, vor allem andern als dessen erster Eindruck in jener Welt auftreten. Man kann das Gesetz, welches da zugrunde liegt, sich leicht verständlich machen, wenn man das Folgende bedenkt. Im physisch-sinnlichen Leben nimmt sich der Mensch nur insofern selbst wahr, als er sich in seinem Denken, Fühlen und Wollen innerlich erlebt. Diese Wahrnehmung ist aber eine innerliche; sie stellt sich nicht vor den Menschen hin, wie sich Steine, Pflanzen und Tiere vor ihn hinstellen. Auch lernt sich durch innerliche Wahrnehmung der Mensch nur zum Teil kennen. Er hat nämlich etwas in sich, was ihn an einer tiefergehenden Selbsterkenntnis hindert. Es ist dies ein Trieb, sogleich, wenn er durch Selbsterkenntnis sich eine Eigenschaft gestehen muss und sich keiner Täuschung über sich hingeben will, diese Eigenschaft umzuarbeiten.

(Die Geheimwissenschaft im Umriss, 1910)

Und vor allen Dingen müssen stark und kraftvoll werden diejenigen Erlebnisse der Seele, die man bezeichnen könnte als die höheren moralischen Erlebnisse, Erlebnisse, die sich ausdrücken in der Seelenstimmung der Charakterfestigkeit, der inneren Sicherheit und Ruhe.

Innerer Mut und Charakterfestigkeit müssen vor allen Dingen in der Seele ausgebildet werden, denn durch Charakterschwäche schwächt man das ganze Seelenleben, und man kommt mit einem schwachen Seelenleben in die elementarische Welt hinein. Das darf man aber nicht, wenn man richtig und wahr in der elementarischen Welt erleben will. Daher wird niemand, der es wahrhaftig ernst nimmt mit dem Erleben in den höheren Welten, jemals außer Acht lassen, zu betonen, dass zu jenen Kräften, welche das Seelenleben verstärken müssen, damit es richtig eintritt in die höheren Welten, die Stärkung der moralischen Seelenkräfte gehört. Und es gehört zu den traurigsten Verirrungen, die der Menschheit vorgemacht werden, wenn man es unternimmt zu sagen, dass Hellsichtigkeit angeeignet werden solle mit Außerachtlassung der Verstärkung des moralischen Lebens. Es muss durchaus betont werden, dass dasjenige, was ich charakterisiert habe in der Schrift «Wie erlangt man Erkenntnisse der höheren Welten?» als die Ausbildung der Lotusblumen, die bei dem sich heranbildenden Hellseher gleichsam in dem Geistleib des Menschen sich kristallisieren, dass dieses Heranbilden der Lotusblumen auch geschehen kann – aber eben nicht geschehen sollte – mit Außerachtlassung der moralischen Stärkungsmittel.

Diese Lotusblumen müssen da sein, wenn der Mensch die Verwandlungsfähigkeit haben will; denn Letztere besteht darin, dass die Lotusblumen ihre Blätter in Bewegung von dem Menschen hinweg entfalten und die geistige Welt umfassen, sich an sie anschmiegen. Was man als Verwandlungsfähigkeit entwickelt, drückt sich für das hellseherische Anschauen in der Entfaltung der Lotusblumen aus. Was man als verstärktes Ich-Gefühl heranbildet, ist innere Festigkeit, die man nennen könnte ein elementarisches Rückgrat. Beides muss man entsprechend entwickelt haben: Lotusblumen, dass man sich verwandeln kann, und etwas Ähnliches wie ein Rückgrat in der physischen Welt, ein elementarisches Rückgrat, damit man sein verstärktes Ich in der elementarischen Welt entwickeln kann. So wie gestern erwähnt worden ist, dass dasjenige, was – in geistiger Art entwickelt – zu hohen Tugenden in der geistigen Welt führen kann, wenn man es in die Sinneswelt hinunterströmen lässt, zu den stärksten Lastern führen kann, so ist es auch in Bezug auf die Lotusblumen und das elementarische Rückgrat. Es ist auch möglich, dass man durch gewisse Verrichtungen die Lotusblumen und auch das elementarische Rückgrat erweckt, ohne dass man moralische Festigkeit sucht, aber kein gewissenhafter Hellseher wird das anempfehlen. Denn es handelt sich nicht bloß darum, dass man für die höheren Welten dieses oder jenes erreicht, sondern darum, dass man alles beachtet, was in Betracht kommt.

In dem Augenblick, wo man die Schwelle zur geistigen Welt überschreitet, kommt man in ganz anderer Weise, als man ihnen in der physisch-sinnlichen Welt gegenübertritt, in die Nähe der luziferischen und ahrimanischen Wesenheiten, von denen wir schon gesprochen haben. Und man erlebt das Eigentümliche, sobald man die Schwelle überschritten hat, das heißt, sobald man Lotusblumen und ein Rückgrat hat, dass man sogleich die luziferischen Mächte herankommen sieht. Diese haben das Bestreben, die Blätter der Lotusblüten zu ergreifen. Sie strecken die Fangarme aus nach unseren Lotusblüten, und man muss in der richtigen Weise sich entwickelt haben, damit man diese Lotusblüten zur Erfassung der geistigen Vorgänge verwendet, und dass sie einem nicht erfasst werden von luziferischen Mächten. Dass sie nicht erfasst werden von luziferischen Mächten, ist aber nur möglich, wenn man mit Befestigung der moralischen Kräfte in die geistige Welt hinaufsteigt.

Ich habe schon angedeutet, dass in der physisch-sinnlichen Welt die ahrimanischen Kräfte mehr von außen, die luziferischen mehr von innen in der Seele an den Menschen herankommen. In der geistigen Welt ist es umgekehrt: Da kommen die luziferischen Wesenheiten von außen und wollen die Lotusblumen ergreifen, und die ahrimanischen Wesenheiten kommen von innen und setzen sich fest in dem elementarischen Rückgrat. Und jetzt schließen, wenn man nicht in Moralität hinaufgestiegen ist in die geistige Welt, einen merkwürdigen Bund miteinander die ahrimanischen und die luziferischen Mächte. Wenn man mit Ehrgeiz, Eitelkeit, mit Machtgelüsten, mit Stolz hinaufgestiegen ist, dann gelingt es Ahriman und Luzifer miteinander einen Bund zu schließen. Ich werde zwar ein Bild gebrauchen für das, was dann Ahriman und Luzifer tun, aber dieses Bild entspricht der Wirklichkeit, und Sie werden mich verstehen. Es geschieht wirklich, was ich durch dieses Bild andeute: Ahriman und Luzifer schließen einen Bund, und Luzifer mit Ahriman zusammen knüpfen die Blätter der Lotusblumen an das elementarische Rückgrat an. Alle Blätter der Lotusblumen werden mit dem elementarischen Rückgrat zusammengebunden, der Mensch wird in sich selber zusammengeschnürt, in sich selber gefesselt durch seine entwickelten Lotusblumen und durch sein elementarisches Rückgrat. Und das hat zur Folge, dass ein Grad von Egoismus und ein Grad von Liebe zur Täuschung eintritt, die ganz undenkbar sind, wenn der Mensch in der physischen Welt nur stehen bleibt. Das ist es also, was passieren kann, wenn hellsichtiges Bewusstsein nicht in der gehörigen Weise herangebildet wird: Ahriman und Luzifer schließen den Bund, durch den die Blätter der Lotusblumen an das elementarische Rückgrat angebunden werden. Und so wird man in sich selber gefesselt durch seine eigenen elementarischen oder ätherischen Fähigkeiten. Das sind alles Dinge, die man wissen muss, wenn man versuchen will, in die wirkliche geistige Welt erkennend einzudringen.

(München, 26. August 1913)

VI. UNTERSCHIEDLICHE SCHULUNGSWEGE

Noch einmal sollen nun die Wahrnehmungsprozesse im Zusammenhang mit der Imagination zur Sprache kommen. In seiner Schrift Von Seelenrätseln *(GA 21) thematisiert Rudolf Steiner im Kontext der Physiologie des Menschen auch die «imaginativen Vorstellungen», wie sie sich den geistigen Wahrnehmungsorganen darbieten. Bei der Frage nach den entsprechenden Wahrnehmungsprozessen geht es nicht nur um physiologische Zusammenhänge, sondern auch und im besonderen Maße um die Frage des geeigneten Schulungsweges. Der Verbindung von Wahrnehmen und Denken im seelischen Erleben folgt die abendländische Tradition, die gerade darin vom östlichen Yogaweg abweicht. Die abendländische Entwicklung zur Imagination mache bei dem Gedanken, bei der Ich-Wahrnehmung halt, um in ihr zu leben, um in die geistige Welt einzudringen, «indem wir gerade die äußere Wahrnehmung gewissermaßen vorstellungslos einsaugen»: «Wir können das Äußere mit dem Inneren verbinden. Wir kommen wiederum durch die Verbindung von Inspiration und Imagination zur Intuition». In der Yogapraxis werde der Ich-Sinn hingegen nicht ausgebildet, sondern verbleibe in dem meditativen Erleben des Spruches, des Wortes und führe so zum Erleben des Atmungsprozesses. Der alte Yogi habe die geistige Welt in seinem Inneren durch die vegetativen Nerven des Sonnengeflechts wahrgenommen, was bedeutet, dass er das Geistige leibgebunden wahrgenommen habe – und gerade nicht leibfrei, wie es Steiner als sein Erkenntnisideal angibt.*

Immer wieder stellt Rudolf Steiner diese östliche einer westlichen Tradition gegenüber. So unterscheidet er unter-

schiedliche Atemvorgänge, bezieht das Ein- und Ausatmen bzw. deren Wirkung auf die Blutzirkulation in Systole und Diastole mit der daraus folgenden Bewegung des Liquors zum Gehirn auf die Yogatradition. Im Gegensatz dazu sieht er das modifizierte «geistig-seelische Atmen», das dem abendländischen Erkenntnisprozess zugrunde liege. Hier formuliert Steiner dasselbe wie im Vortrag vom 30. November 1919, in dem er vom Lichtseelenprozess *spricht, den er als einen «neuen Yogawillen» dem alten, überlieferten* Luftseelenprozess *entgegensetzt. Und auch in der Vortragsreihe zum* populären Okkultismus, *die er im Juli 1906 in Leipzig hielt (GA 94), stellte Steiner dem Einweihungsweg des «orientalischen Geheimschülers» gleich zwei abendländische Traditionen gegenüber: den christlichen und den rosenkreuzerischen Schulungsweg, dem er sich selbst mit seinen Schriften verpflichtet sah.*

Durch einen Vergleich möchte ich noch veranschaulichen, wie anders das ganze Verhalten der Seele innerhalb der anthroposophischen Geistes-Erforschung ist als in der Anthropologie. Man stelle sich eine Anzahl von Weizenkörnern vor. Man kann diese als Nahrungsmittel verwenden. Man kann sie aber auch in die Erde setzen, sodass sich andere Weizenpflanzen aus ihnen entwickeln. Man kann Vorstellungen, die man durch die Sinnes-Erlebnisse gewonnen hat, so im Bewusstsein halten, dass man in ihnen das Nach-bilden der sinnenfälligen Wirklichkeit erlebt. Und man kann sie auch so erleben, dass man die Kraft in der Seele wirksam sein lässt, die sie in derselben durch dasjenige ausüben, was sie sind, abgesehen davon, dass sie ein Sinnliches abbilden. Die erste Wirkungsweise der Vorstellungen in der Seele lässt sich vergleichen mit dem, was durch die Weizenkörner wird, wenn sie als Nahrungsmittel von einem Lebewesen aufgenommen werden. Die zweite mit der Hervorbringung einer neuen Weizenpflanze durch jedes Samenkorn. – Der Vergleich darf allerdings nur so gedacht werden, dass man berücksichtigt: aus dem Samenkorn wird eine der Vorfahren-Pflanze ähnliche; aus der in der Seele wirksamen Vorstellung wird innerhalb der Seele eine der Bildung von Geistorganen dienliche Kraft. Und berücksichtigt muss auch werden, dass das erste Bewusstsein solcher inneren Kräfte nur an so stark wirksamen Vorstellungen entzündet werden kann, wie es die gekennzeichneten Grenzvorstellungen sind, dass aber, wenn dieses Bewusstsein für solche Kräfte einmal erwacht ist, ihm in allerdings geringerem Maße auch andere Vorstellungen dienstbar sein können, um den eingeschlagenen Weg weiter zu gehen.

Zugleich weist dieser Vergleich auf etwas hin, das sich der anthroposophischen Forschung über das Wesen des Vorstellungslebens ergibt. Wie das Samenkorn, wenn es zum Nahrungsmittel verarbeitet wird, aus derjenigen Entwickelungsströmung herausgehoben wird, die in seiner ureigenen Wesenheit liegt und zur Bildung einer neuen Pflanze führt, so wird die Vorstellung aus der ihr wesentlichen Entwickelungsrichtung abgelenkt, wenn sie von der vorstellenden Seele zur Nachbildung einer Sinneswahrnehmung verwendet wird. Die der Vorstellung durch ihr eigenes Wesen entsprechende Entwickelung ist die, in der Entwickelung der Seele als Kraft zu wirken. Ebenso wie man die der Pflanze eigenen Entwickelungsgesetze nicht findet, wenn man die Samen auf ihren Nahrungswert hin untersucht, ebenso wenig findet man das Wesen der Vorstellung, wenn man untersucht, inwiefern sie die nachbildende Erkenntnis der durch sie vermittelten Wirklichkeit hervorbringt. Es soll damit nicht gesagt sein, dass diese Untersuchung nicht angestellt werden könnte. Sie kann dies ebenso wie diejenige über den Nahrungswert der Pflanzensamen. Aber wie man durch das Letztere sich über etwas anderes aufklärt als über die Entwickelungsgesetze des Pflanzenwachstums, so erlangt man durch eine Erkenntnistheorie, welche die Vorstellungen auf ihren nachbildenden Erkenntniswert hin prüft, über etwas anderes Aufschluss als über das Wesen des Vorstellungslebens. Sowenig das Samenkorn es in seinem Wesen vorgezeichnet hat, Nahrung zu werden, sowenig liegt es im Wesen der Vorstellung, nachbildende Erkenntnis zu liefern. Ja, man kann sagen, wie die Verwendung als Nahrungsmittel etwas für das Samenkorn ganz Äußerliches ist, so ist es das erkenntnismäßige Nachbilden für die Vorstellungen. In Wahrheit ergreift in den Vorstellungen die Seele ihr eigenes sich entwickelndes Wesen. Und erst durch die eigene Tätigkeit der Seele geschieht es, dass die Vorstellungen zu Vermittlern der Erkenntnis einer Wirklichkeit werden.*

* Eine ausführlichere Begründung der in Obigem gegebenen

Die Frage nun, wie die Vorstellungen zu solchen Erkenntnisvermittlern werden, muss die anthroposophische Beobachtung, welche sich der Geistorgane bedient, anders beantworten als die Erkenntnistheorien es tun, welche diese Beobachtung ablehnen. Für diese anthroposophische Beobachtung ergibt sich das Folgende.

So wie die Vorstellungen ihrem ureigenen Wesen nach sind, bilden sie zwar einen Teil des Lebens der Seele; aber sie können nicht in der Seele bewusst werden, solange diese nicht ihre Geistorgane bewusst gebraucht. Sie bleiben, solange sie ihrem Eigenwesen nach lebendig sind, in der Seele unbewusst. Die Seele *lebt* durch sie, aber sie kann nichts von ihnen *wissen*. Sie müssen ihr eigenes Leben herabdämpfen, um bewusste Seelenerlebnisse des gewöhnlichen Bewusstseins zu werden. Diese Herabdämpfung geschieht durch jede sinnliche Wahrnehmung. So kommt, wenn die Seele einen Sinneseindruck empfängt, eine Herablähmung des Vorstellungslebens zustande; und die herabgelähmte Vorstellung erlebt die Seele bewusst als den Vermittler einer Erkenntnis der äußeren Wirklichkeit. Alle Vorstellungen, die von der Seele auf eine äußere Sinnes-Wirklichkeit bezogen werden, sind innere Geist-Erlebnisse, deren Leben herabgedämpft ist. In allem, das man über eine äußere Sinneswelt denkt, hat man es mit den ertöteten Vorstellungen zu tun. Nun geht aber das Vor-

Gedanken findet man in dem letzten Abschnitt des 2. Bandes meiner «Rätsel der Philosophie»: «Skizzenhaft dargestellter Ausblick auf eine Anthroposophie» [GA 18], Seiten 594–627.

stellungs*leben* nicht etwa verloren, sondern es führt sein Dasein, getrennt von dem Gebiete des Bewusstseins, in den nicht bewussten Sphären der Seele. Und da wird es von den Geistorganen wiedergefunden. So wie nun die abgetöteten Vorstellungen von der Seele auf die Sinneswelt bezogen werden können, so die mit den Geistorganen erfassten lebendigen Vorstellungen auf die Geisteswelt. – Die oben gekennzeichneten Grenzvorstellungen sind diejenigen, die sich durch ihre eigene Wesenheit nicht ablähmen lassen, daher widerstreben sie einer Beziehung zur Sinnes-Wirklichkeit. Eben dadurch werden sie zu Ausgangspunkten der Geistwahrnehmung.

Vorstellungen, die als lebendige von der Seele erfasst werden, habe ich in meinen anthroposophischen Schriften imaginative Vorstellungen genannt. Man verkennt, was hier als «imaginativ» gemeint ist, wenn man es verwechselt mit der bildlichen Ausdrucks*form*, die angewendet werden muss, um solche Vorstellungen entsprechend anzudeuten. Was da wirklich mit «imaginativ» gemeint ist, kann etwa in der folgenden Art verdeutlicht werden. Wenn jemand eine Sinneswahrnehmung hat, während ihn der äußere Gegenstand beeindruckt, dann hat die Wahrnehmung für ihn eine gewisse innere Stärke. Wenn er sich von dem Gegenstande abwendet, dann kann er sich in einer bloßen Innenvorstellung denselben vergegenwärtigen. Aber die Vorstellung hat nur eine geringere innere Stärke. Sie ist im Verhältnis zu der bei Anwesenheit des äußeren Gegenstandes wirksamen Vorstellung gewissermaßen schattenhaft. Wenn der Mensch für das gewöhnliche Bewusstsein schattenhaft in seiner Seele vorhandene Vorstellungen beleben will, so durchtränkt er sie mit Nachklängen an die Sinnesanschauung. Er macht die Vorstellung zum anschaulichen *Bilde.* Solche Bildvorstellungen sind nun gewiss nichts anderes als Ergebnisse aus dem Zusammenwirken des Vorstellens und des Sinneslebens. Die «imaginativen» Vorstellungen der Anthroposophie entstehen durchaus nicht in dieser Art. Die Seele muss, um sie zustande zu bringen, so genau den inneren Vorgang der Vereinigung von Vorstellungsleben und Sinnes-Eindruck kennen, dass sie das Einfließen der Sinneseindrücke, beziehungsweise ihrer Nacherlebnisse, in das Vorstellungsleben ganz fernhalten kann. Man bringt die Fernhaltung der Sinnes-Nach-Erlebnisse nur zustande, wenn man kennengelernt hat, wie das Vorstellen von diesen Nacherlebnissen ergriffen wird. Erst dann ist man in der Lage, die Geistorgane lebendig zu verbinden mit dem Wesen des Vorstellens und dadurch die Eindrücke der geistigen Wirklichkeit zu empfangen. Es wird dabei das Vorstellungsleben von einer ganz anderen Seite her durchdrungen als im Sinneswahrnehmen. Die Erlebnisse, die man dabei hat, sind wesentlich andere als die an den Sinneswahrnehmungen zu erfahrenden. Und doch gibt es eine Möglichkeit, über diese Erlebnisse sich auszudrücken. Das kann in folgender Art geschehen. – Wenn der Mensch die Farbe *Gelb* wahrnimmt, so hat er in seiner Seele nicht bloß das Augenerlebnis, sondern ein gefühlsartiges Mit-Erlebnis der Seele. Dieses kann für verschiedene Menschen eine verschiedene Stärke haben, ganz fehlen wird es niemals. Goethe hat in dem schönen

Kapitel seiner Farbenlehre über «sinnlich-sittliche Wirkung der Farben» die Gefühls-Nebenwirkungen für Rot, Gelb, Grün usw. sehr eindringlich beschrieben. Nimmt nun die Seele aus einem gewissen Gebiete des Geistes etwas wahr, so kann der Fall eintreten, dass diese geistige Wahrnehmung in ihr dasselbe gefühlsmäßige Neben-Erlebnis hat, das bei der sinnlichen Wahrnehmung des Gelb auftritt. Man weiß dann, dass man dieses oder jenes geistige Erlebnis hat. Man hat dabei natürlich nicht in der Vorstellung dasselbe vor sich, was man in der sinnlichen Wahrnehmung der gelben Farbe vor sich hat. Aber man hat dasselbe Innenerlebnis als gefühlsmäßige Nebenwirkung, das man hat, wenn die gelbe Farbe vor dem Auge ist. Man sagt dann: man nehme das Geist-Erlebnis als «gelb» wahr. Vielleicht könnte man, um sich genauer auszudrücken, immer sagen: man nimmt etwas wahr, was wie «gelb» für die Seele ist. Doch sollte niemand einer so umständlichen Redeweise bedürfen, der aus der anthroposophischen Literatur den Vorgang kennengelernt hat, welcher zur geistigen Wahrnehmung führt. Diese Literatur macht genugsam darauf aufmerksam, dass das der Geistwahrnehmung zugängliche Wesenhafte nicht so vor dem Geistorgane steht wie ein verdünnter sinnlicher Gegenstand oder Vorgang, oder so, dass es wiedergegeben werden könnte durch Vorstellungen, die in gewöhnlicher Bedeutung sinnlich-anschauliche sind.

(Von Seelenrätseln, 1917)

Was ist denn eigentlich der Wahrnehmungsprozess? Der Wahrnehmungsprozess ist nämlich nichts anderes als ein modifizierter Einatmungsprozess. Indem wir die Luft einatmen, drückt diese Luft auf unser Zwerchfell, auf unsere ganze Organisation. Es wird das Gehirnwasser durch den Rückenmarkskanal nach aufwärts nach dem Gehirn gedrängt. Dadurch wird eine Verbindung hergestellt zwischen der Gehirntätigkeit und dem Einatmen. Und dasjenige, was sich vom Einatmungsprozess auf diese Weise im Gehirn spezialisiert, das wirkt in der Sinnestätigkeit als Wahrnehmen. Sodass, ich möchte sagen, ein Ast des Einatmens das Wahrnehmen ist. Dann wiederum beim Ausatmen: Das Gehirnwasser geht hinunter, es drückt auf den Blutkreislauf. Es ist das Hinuntersteigen des Gehirnwassers verbunden mit der Willenstätigkeit, und das wiederum verbunden mit dem Ausatmen. Aber derjenige, der die «Philosophie der Freiheit» wirklich studiert, wird finden, dass in jenem Denken, das wir als das reine Denken erreichen, Wille und Denken zusammenfallen. Das reine Denken ist im Grunde eine Willensäußerung. Daher wird dasjenige, was Denken ist, was reines Denken ist, nun verwandt mit dem, was der Orientale erlebte im Ausatmungsprozess. Es ist verwandt das reine Denken mit dem Ausatmungsprozess, so wie das Wahrnehmen verwandt ist mit dem Einatmungsprozess. Wir müssen gewissermaßen mehr zurückgeschoben nach dem Inneren des Menschen denselben Prozess durchmachen, den der Orientale durchmacht mit seiner Yogaphilosophie. Diese Yogaphilosophie geht auf ein reguliertes Einatmen, Ausatmen, und ergreift so das Ewige im Menschen. Der Abendländer, was kann er tun? Er kann klar für sich seelisch zum Erlebnis machen auf der einen Seite die Wahrnehmung, auf der andern Seite das Denken. Und er kann dasjenige, was sonst abstrakt und formhaft nur in Ruhe verbunden wird, Wahrnehmen und Denken, in innerem Erleben verbinden, sodass er innerlich geistig-seelisch erlebt, was man physisch erlebt bei Einatmen, Ausatmen. Physisch erlebt man Einatmung, Ausatmung; in ihrem Zusammenklang erlebt man bewusst das Ewige. Im gewöhnlichen Erleben erlebt man die Wahrnehmung, das Denken. Indem man beweglich macht sein seelisches Leben, erlebt man den Pendelschlag, den Rhythmus, das fortwährende Ineinandervibrieren von Wahrnehmen und Denken. Und wie sich eine höhere Wirklichkeit in Einatmung und Ausatmung für den Orientalen entwickelt, so entwickelt sich, indem der Okzidentale in sich den lebendigen Prozess der modifizierten Einatmung im Wahrnehmen, der modifizierten Ausatmung im reinen Denken entwickelt, indem er Begriff, Denken und Wahrnehmung ineinanderwebt, gewissermaßen ein geistig-seelisches Atmen anstelle des physischen Atmens der Yogaphilosophie. Und er zwingt sich auch allmählich hinauf durch diesen rhythmischen Schlag, durch dieses rhythmische Eratmen in Wahrnehmung und Denken zu der wahren geistigen Wirklichkeit in Imagination und Inspiration und Intuition. Und als ich in meiner «Philosophie der Freiheit» eben zunächst nur philosophisch darauf hindeutete, dass sich die wahre Wirklichkeit ergibt aus dem

Ineinanderschlagen von Wahrnehmung und Denken, sollte, weil eben gerade diese «Philosophie der Freiheit» als innere Seelenkultur gedacht war, hingewiesen werden auf dasjenige, was der Mensch als Abendländer üben muss, um in die Geisteswelt selber hineinzukommen. Der Orientale sagt: Systole, Diastole; Einatmung, Ausatmung. – Der Abendländer muss an die Stelle setzen: Wahrnehmung, Denken. Der Morgenländer sagt: Ausbilden des physischen Atmens; der Abendländer sagt: Ausbilden des geistig-seelischen Atmens in dem Erkenntnisprozess durch Wahrnehmen und Denken.

(Dornach, 3. Oktober 1920)

Nun zeigt uns gerade wieder die Geistesforschung selbst, wie ganz anders das gewonnen ist, was wir im rechten Sinne zum Beispiel uralt-indische Weisheit nennen können, die bis tief in das Wesen der Dinge eindringende Erkenntnisse uns anzeigt. Da finden wir, dass jene Weisheit nicht durch die äußere Beobachtung gewonnen ist, nicht durch jenes Denken, das wir heute als naturwissenschaftliches bezeichnen, sondern auf eine ähnliche Art von seelischer Selbsterkenntnis, wie wir sie auch hier für die modernen Zeiten charakterisieren konnten. Yoga-Methoden, Selbsterziehungs-Methoden der Seele wurden angewendet. Die führten die Seele dahin, nicht nur mehr bloß so zu schauen und wahrzunehmen und zu erkennen, wie man im gewöhnlichen alltäglichen Leben wahrnimmt und erkennt, sondern in sich aufgehen zu fühlen höhere Erkenntniskräfte, welche hineinschauen können in die geistigen Welten, die sich um uns herum eröffnen, wenn wir nur für sie in uns die Organe erschließen. Aber für das Dasein innerhalb des physischen Lebens ist alles, was uns als Seelenbetätigungen entgegentritt, doch in einer gewissen Weise an das Instrument des physischen Leibes gebunden. Und nun zeigt uns eine geistige Forschung, wie das alte indische Forschen in anderer Weise selbst an das Instrument des physischen Leibes gebunden war als unser heutiges Forschen, wie es in der Naturwissenschaft gang und gäbe ist. Die Naturwissenschaft forscht heute durch die Sinne und durch den Verstand, der an das Instrument des Gehirnes gebunden ist. Wozu brachte die Yoga-Methode den Menschen? Wozu sie ihn brachte, kann hier nur kurz angedeutet werden, weil wir uns nur über die Beziehungen von Naturwissenschaft und Geisteswissenschaft orientieren wollen.

Yoga-Methode brachte den Menschen dazu, zunächst bis zu einem gewissen Grade das Denkinstrument des Gehirnes auszuschalten, sogar alles das auszuschalten, was das übrige höhere Nervensystem vermittelt. Zum Instrumente jenes streng innerlichen Schauens in den Yoga-Methoden wurde gerade derjenige Teil des menschlichen Nervensystems gemacht, der uns heute in der Naturwissenschaft wie ein untergeordneter Teil erscheint, der aber im engsten Sinne an die Verrichtungen des menschlichen Organismus selber gebunden ist, das, was wir mit dem Sonnengeflecht und mit dem sympathischen Nervensystem bezeichnen. Wie unser heutiges naturwissenschaftliches Forschen an das höhere

Nervensystem gebunden ist, so waren jene alten Erleuchtungsmethoden an dasjenige Nervensystem gebunden, das wir heute sogar in einem gewissen Sinne als ein niedriges betrachten. Aber weil dieses untergeordnete Nervensystem an die Daseinskräfte und an die Lebenskräfte gebunden ist und innig mit dem zusammenhängt, wodurch der Mensch selber in das göttlich-geistige Dasein eingetaucht ist, weil es also mit den Quellen des Menschendaseins zusammenhängt, so erkannte man mithilfe dieses Instrumentes nicht nur das Hereinleuchten des Geistigen in den menschlichen Organismus; sondern wie man mit dem Auge hineinschaut in die Lichteswelten, so schaute man mit dem Instrument des sympathischen Nervensystems in die Geisteswelten hinein, erblickte in ihnen konkrete Tatsachen und Wesenheiten. Wer zu verstehen vermag, wie ein so in seine eigenen Tiefen, selbst dem Instrumente nach, eindringender Mensch sich zum Universum zu stellen vermag, der versteht auch, wie jene uralte orientalische Weisheit zu uns herübergekommen ist. Wenn wir die alten Weistümer verfolgen, so finden wir sie überall entdeckt, an die Oberfläche des menschlichen Denkens kommen durch alte Forschungsmethoden, durch alte Yoga-Methoden.

(Berlin, 12. Dezember 1912)

Sie erinnern sich, dass ich Ihnen darlegte, wie viel bei der Entwicklung des Menschen davon abhing, dass der Mensch begann, durch die Lungen zu atmen. Seine höhere Schulung hängt nun auch mit einem Atmungsprozess zusammen. In der Yoga-Schulung bringt der Schüler einen gewissen Rhythmus in seine Atmung, indem er Einziehen, Anhalten des Atems und Ausatmen in eine gewisse Anzahl von Sekunden bringt. Die Art und Weise dieser Atemübungen kann aber nur vom Lehrer dem Schüler angegeben werden. Durch die Übungen zur bewussten Regelung des Atemprozesses wird nichts Geringeres getan, als der Anfang zur Alchimie gemacht; dies nennt man «das Aufsuchen des Steines der Weisen». Noch an der Wende vom 18. zum 19. Jahrhundert haben die Rosenkreuzer etwas davon gewusst, und es war noch manches davon öffentlich zu lesen. Der Okkultist weiß, dass der Mensch durch seine Kohlensäureausatmung fortwährend die Luft verpestet und Leben tötet, mehr sogar, als durch das Fleischessen Leben getötet wird. Und je materieller die Zeitalter wurden, desto schlechter war die ausgeatmete Luft, desto mehr frische Luft braucht der Mensch. Der indische Yogi atmete weniger schlechte Luft aus. Die schlechte Luft, die von den Menschen ausgeatmet wird, wird von den Pflanzen wiederhergestellt, die Sauerstoff abgeben und den Kohlenstoff aufsaugen. Den Pflanzen verdankt somit Tier und Mensch sein Leben. In den Steinkohlen geben dann die Pflanzen auch den Kohlenstoff wieder an die Menschen ab. Die Pflanze ihrerseits ist so eingerichtet, dass sie mithilfe des Kohlenstoffs aufgebaut wird. Dieser Prozess bildet eine vollständige und wunderbare Einheit. Genauso wie der Mensch einmal Pflanze war, so wird er in ferner Zukunft auch wieder Pflanze werden in einem gewissen Sinn, nämlich mit vollem Ich-Bewusstsein. Dann wird der Mensch das, was heute noch die Pflanzen für ihn besorgen, in sich selbst herstellen, und er wird sich seinen Ätherkörper aus dem Kohlenstoff in bewusster Weise aufbauen. Dahin zielt die Regelung des Atmungsprozesses. Der Kohlenstoff ist der Stein der Weisen. Je mehr der Mensch nach der Weisheit atmet, umso reiner und brauchbarer wird die Luft um ihn herum. Die Chemie wird sich bald mit dieser Frage beschäftigen. Wer eine Zeit lang rhythmisch geatmet hat, bekommt Gewalt über seine astralischen Sinne. Der Europäer muss sehr vorsichtig mit Atemübungen sein und sie erst spät nach entsprechender Anweisung beginnen.

Die zweite Stufe der orientalischen Schulung besteht darin, eine Zeit lang die äußeren Eindrücke auszuschalten, sich zu konzentrieren und seine Seele vom Ewigen erfüllt sein zu lassen. Es gibt für diese Übungen gewisse ewige Bilder und Sätze. In der Bhagavad-Gita stehen solche Weisheitssätze, auch in ägyptischen Weisheitsbüchern und in christlichen Schriften, zumal im Johannes-Evangelium. Wenn der Mensch so weit gekommen ist, die innere Windstille in sich herzustellen, dann werden durch die Vertiefung in solche Sätze neue Kräfte in ihm lebendig. Er muss aber diese Sätze nicht bloß verstehen, sondern es muss in ihm eine Liebe zu ihnen erwachen. Dasselbe gilt von magischen Figuren wie Pentagramm und so weiter. Man kann über sie Meditationen anstellen.

Auf einer gewissen hohen Stufe der Entwicklung

bringt es der Schüler so weit, dass sich das Erlebnis einstellt: Es bleibt bei völliger Leere des Bewusstseins die Funktion des Denkens ohne Gedankeninhalt noch vorhanden. Der Schüler lernt in der Meditation bewusst zu sein und diese Funktion zu üben, in der Art, dass er sich keinen Inhalt für sein Denken gibt. Dies ist ein Anfang, und die geistige Welt kann danach beginnen, in ihn einzufließen. Der Inspirationsprozess beginnt.

Darauf folgt dann die Stufe der Intuition, die aber erst nach entsprechend langer okkulter Schulung erreicht werden kann. Schließlich lebt der Schüler bewusst in den höheren Welten. Der orientalische Geheimschüler muss sich bedingungslos unter die strenge Zucht des Guru stellen, wenn er die Geheimschulung durchmachen will. Er muss sein Leben danach einrichten und vieles tun, was er erst später verstehen lernt. Wenn er sich so an den Guru angeschlossen hat, dann beginnt sich der Astralleib zu verändern; die astralen Sinnesorgane, die Lotusblumen bilden sich aus. Michelangelo hat an seinem Moses die zweiblättrige Lotusblume als zwei Hörner wiedergegeben. Zunächst werden da zwei Lichtstrahlen bemerkbar, die immer breiter werden und dann anfangen, sich zu bewegen. Die sechzehnblättrige Lotusblume ist wie ein Rad mit sechzehn Speichen, sie liegt am Kehlkopf und dreht sich nach rechts. Die zweiblättrige befähigt uns, den Willen auszubilden; die sechzehnblättrige, in fremde Gedanken einzudringen; die zwölfblättrige, das Gefühlsleben zu erkennen; die vierblättrige hängt mit der Regenerations- und mit der Produktivkraft des Menschen zusammen.

Anders ist es bei der christlichen Form der Einweihung. Bei ihr spricht man von sieben ganz bestimmten Stufen: erstens Fußwaschung, zweitens Geißelung, drittens Dornenkrönung, viertens Kreuzigung, fünftens mystischer Tod, sechstens Grablegung, siebentens Auferstehung.

Die Gedanken und Bilder, deren hingebungsvolle Meditation die christliche Einweihung bewirkt, sind im Johannes-Evangelium enthalten. Wer die ersten vierzehn Verse des Johannes-Evangeliums durch viele Monate in seiner Seele erlebt, der erfährt, dass sie wie Zauberkräfte wirken. Schließlich erlebt der Schüler etwas ganz Merkwürdiges: Alles, was im Johannes-Evangelium steht, tritt als astrale Bilder auf. Denn es ist geschrieben, um meditiert zu werden.

Die dritte Schulungsart, die aber für die gegenwärtige Menschheit die geeignetste ist, weil der Wissenschaft am meisten gewachsen, ist die rosenkreuzerische. Sie geht von Christian Rosenkreutz aus, jener großen Individualität, die seit ihrer Einweihung immer wieder inkarniert war. Ihre Schulung ist die allerfreieste, ich habe sie an verschiedenen Orten schon geschildert. Auf diesem Wege ist der Lehrer nur der Anreger, er gibt nur Ratschläge. Aber gerade in dieser Schulung ist am meisten Gefahr, dass der Schüler durch seine volle Freiheit zu leicht die devotionelle Stimmung verliert und sich dadurch selbst Steine in den Weg legt. Der Lehrer ist hier der Diener des Schülers, und dessen Devotion soll ein freies Geschenk sein. In der Gegenwart verlangt die rosenkreuzerische Schulung vom Schüler besonders ein ausgebildetes Denken, vor allem ein sinnlichkeitsfreies Denken. Dazu ist «Die Philosophie der Freiheit» und «Wahrheit und Wissenschaft» geschrieben worden.

(Leipzig, 10. Juli 1906)

VII. MEDITATIONEN

Es folgt zum Abschluss dieser Textsammlung eine Einführung in das Wesen der Meditation aus dem Buch Vom Menschenrätsel, *der verschiedene Meditationen nachgestellt sind, welche die Qualitäten der unteren Chakren mit einbeziehen. Dazu gehören die Meditationen, die sich an das Erleben des Lichtes wenden, wie dies insbesondere für das Mantra* In den reinen Strahlen des Lichtes *zutrifft, das von Rudolf Steiner in vielen esoterischen Stunden besprochen wurde. Ergänzend wird eine Meditation für die Entwicklung aller Chakren wiedergegeben sowie eine, die Rudolf Steiner an Ita Wegman gab und die das Erleben der Elemente und der Ätherqualitäten anspricht.*

Man kann sich in innerer Erkraftung so aus dem Zustand des gewöhnlichen Bewusstseins herausheben, dass man dabei ein ähnliches Erlebnis hat wie beim Übergange vom Träumen zum wachen Vorstellen. Wer vom Träumen zum Wachen übergeht, der erfährt, wie der Wille eindringt in den Ablauf seiner Vorstellungen, während er im Träumen willenlos dem Ablauf der Bilder hingegeben ist. Was da durch unbewusste Vorgänge geschieht, kann auf einer anderen Stufe durch die bewusste Seelenverrichtung bewirkt werden. Der Mensch kann in das gewöhnliche bewusste Denken eine stärkere Willensentfaltung einführen, als in diesem im gewöhnlichen Erleben der physischen Welt vorhanden ist. Er kann dadurch vom Denken zum *Erleben des Denkens* übergehen. Im gewöhnlichen Bewusstsein wird nicht das Denken erlebt, sondern durch das Denken dasjenige, was gedacht wird. Es gibt nun eine innere Seelenarbeit, welche es allmählich dazu bringt, nicht in dem, was gedacht wird, sondern in der Tätigkeit des Denkens selbst zu leben. Ein Gedanke, der nicht einfach hingenommen wird aus dem gewöhnlichen Verlauf des Lebens, sondern der *mit Willen* in das Bewusstsein gerückt wird, um ihn in seiner Wesenheit als Gedanke zu erleben, löst in der Seele andere Kräfte los als ein solcher, der durch auftretende äußere Eindrücke oder durch den gewöhnlichen Verlauf des Seelenlebens hervorgerufen wird. Und wenn die Seele in sich die im gewöhnlichen Leben doch nur in geringem Maße geübte Hingabe an den Gedanken als solchen immer erneut bewirkt – sich auf den Gedanken als Gedanken konzentriert –, dann entdeckt sie in sich Kräfte, die im gewöhnlichen Leben nicht angewendet werden, sondern gleichsam schlummernd (latent) bleiben. Es sind Kräfte, die nur im *bewussten* Anwenden entdeckt werden. Sie stimmen aber die Seele zu einem ohne ihre Entdeckung nicht vorhandenen Erleben. Die Gedanken erfüllen sich mit einem ihnen eigentümlichen Leben, das der Denkende (der Meditierende) verbunden fühlt mit seinem eigenen Seelenwesen. (Das hier gemeinte schauende Bewusstsein entsteht aus dem gewöhnlichen Wachbewusstsein nicht durch körperliche [physiologische] Vorgänge, wie das gewöhnliche Wachbewusstsein aus dem Traumbewusstsein. Beim Erwachen aus diesem in das Tagesbewusstsein hat man es mit einer sich verändernden Einstellung des Leibes im Verhältnis zur Wirklichkeit zu tun; beim Erwachen aus dem gewöhnlichen Bewusstsein zum schauenden Bewusstsein mit einer sich verändernden Einstellung der geistig-seelischen Vorstellungsart im Verhältnis zu einer geistigen Welt.)

Es ist aber zu diesem Entdecken des Gedankenlebens die Aufwendung bewussten Willens notwendig. Das kann aber auch nicht ohne Weiteres *der* Wille sein, der im gewöhnlichen Bewusstsein zutage tritt. Auch der Wille muss in anderer Art und in anderer Richtung gewissermaßen eingestellt werden, als er eingestellt ist für das Erleben in dem bloßen Sinnesdasein. Im gewöhnlichen Leben fühlt man sich selbst im Mittelpunkte dessen, was man will oder was man wünscht. Denn auch im Wünschen ist ein gleichsam angehaltener Wille wirksam. Der Wille strömt von dem Ich aus und taucht in das Begehren, in die Leibesbewegung, in die Handlung unter. Ein Wille in dieser Richtung ist unwirksam für das Erwachen der Seele aus dem gewöhnlichen Bewusstsein. Es gibt aber auch eine Willensrichtung, die in einem gewissen Sinne dieser entgegengesetzt ist. Es ist diejenige, welche wirksam ist, wenn man, ohne unmittelbaren Hinblick auf ein äußeres Ergebnis, das eigene Ich zu lenken sucht. In den Bemühungen, die man macht, um sein Denken zu einem sinngemäßen zu gestalten, sein Fühlen zu vervollkommnen, in allen Impulsen der Selbsterziehung äußert sich diese Willensrichtung. In einer allmählichen Steigerung der in dieser Richtung vorhandenen Willenskräfte liegt, was man braucht, um aus dem gewöhnlichen Bewusstsein heraus zu erwachen. Eine besondere Hilfe leistet man sich in der Verfolgung dieses Zieles dadurch, dass man mit innigerem

Gemütsanteil das Leben in der Natur betrachtet. Man sucht zum Beispiel eine Pflanze so anzuschauen, dass man nicht nur ihre Form in den Gedanken aufnimmt, sondern gewissermaßen mitfühlt das innere Leben, das sich in dem Stängel nach oben streckt, in den Blättern nach der Breite entfaltet, in der Blüte das Innere dem Äußeren öffnet und so weiter. In solchem Denken schwingt der Wille leise mit; und er ist da ein in Hingabe entwickelter Wille, der die Seele lenkt; der nicht aus ihr den Ursprung nimmt, sondern auf sie seine Wirkung richtet. Man wird naturgemäß zunächst glauben, dass er seinen Ursprung in der Seele habe. Im Erleben des Vorgangs selbst aber erkennt man, dass durch diese Umkehrung des Willens ein außerseelisches Geistiges von der Seele ergriffen wird.

Wenn ein Wille nach dieser Richtung erstarkt ist und das Gedankenleben in der angedeuteten Art ergreift, so wird in der Tat aus dem Umkreise des gewöhnlichen Bewusstseins ein anderes herausgehoben, das sich zu dem gewöhnlichen verhält wie dieses zu dem Weben in den Traumbildern. Und ein solches schauendes Bewusstsein ist in der Lage, die geistige Welt erlebend zu erkennen. (Der Verfasser dieser Schrift hat in einer Reihe von Schriften in ausführlicher Art dargestellt, was hier gewissermaßen wie eine Mitteilung in Kürze angedeutet ist. Es kann in solch kurzer Darstellung nicht auf Einwände, Bedenken und so weiter eingegangen werden; in den anderen Schriften ist dies geschehen; und man kann dort manches vorgebracht finden, was dem hier Dargestellten seine tiefere Begründung gibt. […]) –

Ein Wille, der nicht in der angegebenen Richtung liegt, sondern in derjenigen des alltäglichen Begehrens, Wünschens und so weiter, kann, wenn er auf das Gedankenleben in der beschriebenen Art angewendet wird, nicht zu dem Erwachen eines schauenden Bewusstseins aus dem gewöhnlichen, sondern nur zu einer Herabstimmung dieses gewöhnlichen führen, zu wachendem Träumen, Phantasterei, visionsgleichen Zuständen und Ähnlichem. – Die Vorgänge, die zu dem hier gemeinten schauenden Bewusstsein führen, sind ganz geistig-seelischer Art; und ihre einfache Beschreibung müsste schon davor behüten, das durch sie Erreichte mit pathologischen Zuständen (Vision, Mediumismus, Ekstase und so weiter) zu verwechseln. Alle diese pathologischen Zustände drücken das Bewusstsein *unter* den Stand herab, den es im wachenden Menschen einnimmt, der seine gesunden physischen Seelenorgane voll brauchen kann.

(Vom Menschenrätsel, 1916)

Dann haben die meisten von uns eine Morgenmeditation bekommen. Man soll das früh am Morgen machen zu einer Stunde, die man sich selbst festsetzt und die man so streng als möglich einhält. Man vertieft sich dabei zuerst in sieben Zeilen. Bei einigen von uns lauten sie folgendermaßen:

In den reinen Strahlen des Lichtes
Erglänzt die Gottheit der Welt!
In der reinen Liebe zu allen Wesen
Erstrahlt die Göttlichkeit meiner Seele.
Ich ruhe in der Gottheit der Welt.
Ich werde mich selbst finden
In der Gottheit der Welt!

Man soll nun bei der Meditation nicht spekulieren über diese sieben Zeilen, sondern ganz darin leben. Recht bildhaft soll man sie sich vorstellen. Also:

In den reinen Strahlen des Lichtes

Da fühlt man sich umflossen von den Strahlenfluten des Lichtes, die von allen Seiten auf einen eindringen, man sieht ihren Glanz so deutlich, als man es nur vermag.

Erglänzt die Gottheit der Welt

Man stellt sich vor, dass Gott es ist, der in diesen Strahlen auf einen einströmt, man sucht ihn zu fühlen und in sich aufzunehmen.

In der reinen Liebe zu allen Wesen
Erstrahlt die Göttlichkeit meiner Seele

Man stellt sich vor, wie man die göttlichen Strahlen, die man aufgenommen hat, zur Beglückung aller Wesen wieder ausstrahlen lässt. Die Schlusszeilen sollen die Vorstellung und Empfindung erwecken, dass man ganz eingebettet sei in die Strahlen der Gottheit und dass man in ihnen sich selbst finde. Wer sich das besonders bildhaft vorstellen will, kann sich schließlich auch einen Baum vorstellen, den er lieb gewonnen hat und zu dem er gern zurückkehrt. Nach diesen sieben Zeilen ist uns ein Wort oder ein Satz gegeben zur Versenkung. Diese Konzentration auf einen Satz oder ein Wort, zum Beispiel «Stärke», ist sehr wichtig. Es ist das eine Art Losungswort, ein Kraftwort, das genau der Seelenverfassung jedes Einzelnen angepasst ist. Dies Wort soll man in der Seele erklingen lassen so etwa, wie man eine Stimmgabel anschlägt. Und wie man auf das Verklingen der Stimmgabel horcht, so soll man nach der Versenkung in das Wort es auch still verklingen lassen in der Seele, sich dem hingeben, was in der Seele durch dies Wort bewirkt wurde. Zum Schluss versenkt man sich noch fünf Minuten in sein eigenes göttliches Ideal. Welcher Art das Ideal ist, kommt nicht in Betracht, es handelt sich nur um die Erzeugung der richtigen Seelenstimmung. Ob man dabei an den Meister oder an den Sternenhimmel denkt, ist einerlei. Es sind schon Atheisten gekommen, die meinten, sie hätten gar kein göttliches Ideal. Aber sie konnten auf den Sternenhimmel verwiesen werden, der doch jedem ein Gefühl der Ehrfurcht und Devotion abnötigt. Wer einmal mit diesen Übungen begonnen hat, der sollte doch dabeibleiben und nicht, wenn es ihm gerade nicht passt, aussetzen. Der Astral- und der Ätherleib gewöhnen sich bald an diese Übungen, und wenn sie sie nicht bekommen, so revoltieren sie. Eine Unterbrechung oder gar ein völliges Aufhören ist unter allen Umständen sehr gefährlich. Wichtig ist auch die abendliche Rückschau. Sie muss von rückwärts nach vorwärts vollzogen werden, da wir uns gewöhnen sollen an die Wahrnehmungsart des Astralplanes. Man muss sich bei der Rückschau alles möglichst bildhaft vorstellen. Anfangs kann man freilich, wenn man achtzig bedeutende Erlebnisse hatte, sie nicht alle achtzig bildhaft vor die Seele rufen. Da muss man eben eine weise Auswahl treffen, bis schließlich das ganze Tagesleben wie ein Tableau sich vor einem abrollt. Wieder kommt es da viel mehr auf die kleinen unbedeutenden Handlungen an, denn gerade die Anstrengung ist es, die die Kräfte der Seele weckt.

(Esoterische Stunde, München, 6. Juni 1907)

Alles, was in einer esoterischen Stunde ausgesprochen wird, wird uns unmittelbar von den Meistern zugeführt, und derjenige, der es ausspricht, ist nur ein Werkzeug ihrer Absichten.

Der Unterschied zwischen einer exoterischen und einer esoterischen Stunde besteht darin, dass dort Lehren, Kenntnisse aufgenommen werden; hier wird etwas erlebt. Die Meister sprechen fortwährend zu den Menschen; nur die Vorbereiteten, diejenigen, deren Seele geöffnet ist, sodass die Meister den Eingang zu ihnen finden, können ihre Stimme vernehmen. Die esoterische Arbeit ist von größter Bedeutung für die Weltenentwicklung – doch auch für den in einfachster sozialer Stellung stehenden Menschen.

Das Jahr 1879 ist eine wichtigste Epoche in der Menschheitsentwicklung durch ein Ereignis, das auf dem astralen Plane stattfand: Seitdem hat unsere Kultur eine andere Richtung genommen.

1250 fing eine geistige Strömung an, die ihren Höhepunkt 1459 erreichte: als Christian Rosenkreutz zum Ritter des rosigen Kreuzes erhoben wurde. Dann fing (1510) jenes Zeitalter an, das man im Okkultismus das Zeitalter des Gabriel nennt. 1879 begann dasjenige des Michael; das nächstfolgende wird das Zeitalter des Oriphiel genannt. Da werden große Kämpfe unter den Menschen wüten; deswegen wird jetzt ein kleines Häuflein vorbereitet, das dazu bestimmt ist, in jenem düsteren Zeitalter die Fackel der spirituellen Erkenntnis leuchten zu lassen.

Besprechung der Meditationsformel: «In den reinen Strahlen des Lichtes». – Imaginatives Vorstellen der einzelnen Strophen:

In den reinen Strahlen des Lichtes
Erglänzt die Gottheit der Welt

Da ergießt sich die Gottheit wie ein silbernes, glänzendes Mondlicht über die Außenwelt: Wir fühlen uns wie durchströmt und umflossen von diesem Licht.

In der reinen Liebe zu allen Wesen
Erstrahlt die Göttlichkeit meiner Seele

Nach dem Aufgehen in der Umwelt, wo wir die Gottheit zu erkennen suchten, versenken wir uns in unser eigenes Innere, und durch die Liebe, die uns mit allen Wesen verbindet, finden wir den Zusammenhang mit der Gottheit und fühlen die Göttlichkeit unserer eigenen Seele.

Ich ruhe in der Gottheit der Welt

Das Wort Ruhe hat eine magische Kraft: Derjenige, dem es gelingt, sich in ihm zu konzentrieren und es auf sich wirken zu lassen, der fühlt, wie wenn er ganz durchrieselt wäre von einem Gefühl der Ruhe und des Friedens. Indem wir in uns den Zusammenhang mit der Gottheit fühlen, finden wir in unserm Innern diese Ruhe und diesen Frieden: Ruhe umwogt uns, dringt in uns ein.

Ich werde mich selbst finden
In der Gottheit der Welt

Und nun entsteht in uns die Vorstellung wie von einem Leuchtpunkt, einem glänzenden Funken, der von der Ferne uns entgegenschimmert und dem wir zustreben – und worin wir uns finden werden in dem Schoße der Gottheit.

(Esoterische Stunde, Berlin, 9. Oktober 1907)

Sieghafter Geist
Durchflamme die Ohnmacht
Zaghafter Seelen.
Verbrenne die Ichsucht,
Entzünde das Mitleid,
Dass Selbstlosigkeit,
Der Lebensstrom der Menschheit,
Wallt als Quelle
Der geistigen Wiedergeburt.

(20. September 1919)

Licht fühle ich um mich,
Es ist Weltenlicht;
Licht fühle ich in mir,
Es ist Menschenlicht;
Und empfangen will ich
Menschenlicht als Weltenlicht,
Weltenlicht als Menschenlicht.

(Für Georg-Moritz v. Sachsen-Altenburg, nach 1919)

Ich trage Ruhe in mir,
Ich trage in mir selbst
Die Kräfte, die mich stärken.
Ich will mich erfüllen
Mit dieser Kräfte Wärme,
Ich will mich durchdringen
Mit meines Willens Macht.
Und fühlen will ich
Wie Ruhe sich ergießt
Durch all mein Sein,
Wenn ich mich stärke,
Die Ruhe als Kraft
In mir zu finden
Durch meines Strebens Macht.

(Für Miriam Ege, undatiert)

Siebenwöchige Übung*

1. Ich verstehe die Welt.
2. Ich weiß, was vor der Welt war.
3. Ich dringe in göttliches Sein – Liebe leuchtet.
4. Ich fasse göttliches Sein – Liebe begreift.
5. Göttliches Sein strömt in mich.
6. Liebe erfüllet mich ganz.

Jeder Satz ist eine Woche lang zu üben; in einer siebenten Woche alle sechs zusammen.

(Für Eleanor Merry, ca. 1923)

* Die Übung wurde auf die Bitte um eine Übung zur Entwicklung der Lotusblumen gegeben.

Was ich spreche von meinem physischen Leib aus ist Schein – Ich muss sprechen von meinem Ätherleib aus, zu dringen in die wahre Wirklichkeit:

1. Ihr Geister unter der Erde drücket auf meine Fußsohlen. Ich schreite über euch hinweg.
2. Ihr Geister der Feuchtigkeit streichelt meine Haut. Ich drücke euch nach allen Seiten.
3. Ihr Geister der Luft füllet mein Inneres an. Ich verbinde mich mit euch.
4. Ihr Geister der Wärme beseelt mein Inneres. Ich lebe in euch.
5. Ihr Geister des Lichtes durchgeistet mein Inneres. Ich denke mit euch.
6. Ihr Geister der (chemischen) Kräfte lähmet meine Kräfte. Ich will euch überwinden.
7. Ihr Geister des Lebens tötet mein Leben. Ich erwarte euch im Tode.

So bin ich, dies sagend, im Ätherleibe.
Und ihr könnt kommen: Farben, Töne, Worte der ätherischen Welt.

(Für Ita Wegman, Oktober 1923)

Ecce homo

In dem Herzen
Webet Fühlen,

In dem Haupte
Leuchtet Denken,

In den Gliedern
Kraftet Wollen.

Webendes Leuchten,
Kraftendes Weben,
Leuchtendes Kraften:
Das ist – der Mensch

(Für die Eurythmie, Stuttgart, Weihnachten 1919)

ANHANG

QUELLENVERZEICHNIS

Die Werke Rudolf Steiners werden chronologisch mit der Band-Nummer innerhalb der Rudolf Steiner Gesamtausgabe (GA), Rudolf Steiner Verlag, Basel, nachgewiesen (in Klammern die aktuelle Auflage):

2 *Grundlinien einer Erkenntnistheorie der Goetheschen Weltanschauung, mit besonderer Rücksicht auf Schiller* (2003)

4 *Die Philosophie der Freiheit* (1995)

6 *Goethes Weltanschauung* (1990)

10 *Wie erlangt man Erkenntnisse der höheren Welten?* (2018)

13 *Die Geheimwissenschaft im Umriss* (2013)

20 *Vom Menschenrätsel* (1984)

21 *Von Seelenrätseln* (1983)

40 *Wahrspruchworte* (2018)

62 *Ergebnisse der Geistesforschung* (1988)

93a *Grundelemente der Esoterik* (2014)

94 *Kosmogonie* (2001)

99 *Die Theosophie des Rosenkreuzers* (1985)

115 *Anthroposophie – Psychosophie – Pneumatosophie* (2012)

147 *Die Geheimnisse der Schwelle* (2015)

194 *Die Sendung Michaels* (1994)

266/1 *Aus den Inhalten der esoterischen Stunden. Gedächtnisaufzeichnungen von Teilnehmern. Band I: 1904–1909* (2007)

267 *Seelenübungen Band I. Übungen mit Wort- und Sinnbild-Meditationen zur methodischen Entwicklung höherer Erkenntniskräfte, 1904–1924* (2018)

268 *Mantrische Sprüche. Seelenübungen Band II, 1903–1925* (2015)

322 *Grenzen der Naturerkenntnis* (1981)

NACHWEISE

I. EINLEITUNG

9 *Die erste Stufe ist also:* Vortrag Leipzig, 9. Juli 1906, GA 94, S. 173.

10 *Hier scheinen keine weiteren:* Florin Lowndes: Die Belebung des Herzchakra. Ein Leitfaden zu den Nebenübungen Rudolf Steiners, Stuttgart 1996, S. 44; das nachfolgende Zitat ebd., S. 44f.

13 *Es entfaltet sich der Mensch:* Karlfried Graf Dürkheim: Der Alltag als Übung. Vom Weg zur Verwandlung, Bern, 11. Aufl. 2012, S. 40.

Da ferner das Preiszugebende: Ebd., S. 73f.

14 *Lichtseelenprozess … neuen Yogawillen:* Vortrag, Dornach, 30. November 1919, GA 194, S. 115, 112.

Keime: Vorrede zur Neuauflage 1923, Grundlinien einer Erkenntnistheorie der Goetheschen Weltanschauung, GA 2, S. 11.

Voraussetzung seiner Geisteswissenschaft: GA 6, S. 212 ff.

ihm selbst nicht bewusste Imagination: GA 200, S. 67–74.

intuitive Denkungsart oder Intuition: GA 2, S. 109f.

15 *später auch explizit für die Schulung … empfahl:* GA 13, S. 340–344.

II. DIE CHAKREN UND IHRE AUSBILDUNG

19 *Wer oft die Aufmerksamkeit auf den Vorgang des Werdens:* Wie erlangt man Erkenntnisse der höheren Welten?, GA 10, S. 45.

Eine blühende Blume: Wie erlangt man Erkenntnisse der höheren Welten?, GA 10, S. 46.

20 *Und während du den Worten eines Geheimkundigen:* Wie erlangt man Erkenntnisse der höheren Welten?, GA 10, S. 52f.

Eine Übung kann richtig verstanden: Wie erlangt man Erkenntnisse der höheren Welten?, GA 10, S. 10f.

22 *Die Vorbereitung besteht:* Wie erlangt man Erkenntnisse der höheren Welten?, GA 10, S. 43–52.

32 *Die Erleuchtung geht:* Wie erlangt man Erkenntnisse der höheren Welten?, GA 10, S. 53–60.

39 *Bei dem, welcher in diesem Sinne:* Wie erlangt man Erkenntnisse der höheren Welten?, GA 10, S. 115–117.

41 *Die geistig-seelischen Organe, die Lotusblumen:* Die Geheimwissenschaft im Umriss, GA 13, S. 349–351.

44 D*as Ziel der Versenkung:* Die Geheimwissenschaft im Umriss, GA 13, S. 344–348.

III. SECHS NEBENÜBUNGEN ZUR ENTWICKLUNG DES HERZCHAKRAS

51 *Noch einmal muss zweierlei eingeschärft werden:* Allgemeine Anforderungen, die ein jeder an sich selbst stellen muss, der eine okkulte Entwickelung durchmachen will, GA 267, S. 61.

In dem Folgenden werden die Bedingungen: Allgemeine Anforderungen, GA 267, S. 55–61.

IV. DAS SONNENGEFLECHT- ODER SOLARPLEXUSCHAKRA

65 *Das ganze Tierreich zerfällt:* Vortrag, Berlin, 26. September 1905, GA 93a, S. 17f.

66 *Wenn vom physischen Körper:* Vortrag, Berlin, 7. Oktober 1905, GA 93a, S. 88–91.

70 *Aber diese Astralleiber:* Vortrag, München, 2. Juni 1907, GA 99, S. 102f.

71 *Wir haben von außen:* Vortrag, Berlin, 26. Oktober 1909, GA 115, S. 56f.

72 *Von besonders feiner Art:* Wie erlangt man Erkenntnisse der höheren Welten?, GA 10, S. 131–134.

74 *Wenn der Mensch seine Ausbildung:* Wie erlangt man Erkenntnisse der höheren Welten?, GA 10, S. 90–94.

79 *Die Bedingungen zum Antritt der Geheimschulung:* Wie erlangt man Erkenntnisse der höheren Welten?, GA 10, S. 102–105.

83 *Die folgenden Regeln sollten:* Weitere Regeln in Fortsetzung der «Allgemeinen Anforderungen», GA 267, S. 63–65.

86 *Der Geheimschüler muss:* Wie erlangt man Erkenntnisse der höheren Welten?, GA 10, S. 134.

87 *Eine zweite Regel ist:* Weitere Regeln in Fortsetzung der «Allgemeinen Anforderungen», GA 267, S. 65f.

88 *Besonders auf das Gedankenleben:* Wie erlangt man Erkenntnisse der höheren Welten?, GA 10, S. 134.

Der Zögling muss sich: Wie erlangt man Erkenntnisse der höheren Welten?, GA 10, S. 107f.

89 *Wer sich daran gewöhnt:* Die Geheimwissenschaft im Umriss, GA 13, S. 362f., 367f.

91 *Je größer in einem Menschen:* Die Geheimwissenschaft im Umriss, GA 13, S. 365–367.

93 *Eine dritte Regel ist:* Weitere Regeln in Fortsetzung der «Allgemeinen Anforderungen», GA 267, S. 66.

94 *Er geht noch weiter:* Wie erlangt man Erkenntnisse der höheren Welten?, GA 10, S. 134.

Zum Beispiel es fügt uns jemand: Wie erlangt man Erkenntnisse der höheren Welten?, GA 10, S. 91f., 94f.

96 *Damit ist eigentlich schon:* Wie erlangt man Erkenntnisse der höheren Welten?, GA 10, S. 108.

97 *Zu den Eigenschaften, die zum Beispiel:* Wie erlangt man Erkenntnisse der höheren Welten?, GA 10, S. 95–101.

103 *Und so ist es ganz besonders:* Die Geheimwissenschaft im Umriss, GA 13, S. 364f., 363f.

106 *Die innere Gediegenheit:* Die Geheimwissenschaft im Umriss, GA 13, S. 340–344.

111 *Eine vierte Regel ist die:* Weitere Regeln in Fortsetzung der «Allgemeinen Anforderungen», GA 267, S. 66f.

112 *Tritt zu einer solchen Selbstzucht:* Wie erlangt man Erkenntnisse der höheren Welten?, GA 10, S. 134f.

113 *Morgens früh, sogleich nach dem Erwachen:* Hauptübung B, GA 267, S. 120–123.

V. DAS HIMMELSGEFLECHT- ODER SAKRALCHAKRA

121 *Verkehr mit Wesen … inneren Wortes:* Wie erlangt man Erkenntnisse der höheren Welten?, GA 10, S. 137, S. 51.

122 *Schwieriger als die Ausbildung:* Wie erlangt man Erkenntnisse der höheren Welten?, GA 10, S. 135–138.

125 *Und damit ist auf die fünfte Bedingung:* Wie erlangt man Erkenntnisse der höheren Welten?, GA 10, S. 109.

131 *Wenn der Geistesschüler auf dem Wege:* Die Geheimwissenschaft im Umriss, GA 13, S. 372–377.

136 *Und vor allen Dingen müssen:* Vortrag, München, 26. August 1913, GA 147, S. 64–66.

VI. UNTERSCHIEDLICHE SCHULUNGSWEGE

143 *indem wir gerade die äußere Wahrnehmung:* Vortrag, Dornach, 3. Oktober 1920, GA 322, S. 119, 122.

144 *Durch einen Vergleich möchte:* Von Seelenrätseln, GA 21, S. 23–29.

151 *Was ist denn eigentlich:* Vortrag, Dornach, 3. Oktober 1920, GA 322, S. 123–125.

153 *Nun zeigt uns gerade wieder:* Vortrag, Berlin, 12. Dezember 1912, GA 62, S. 200–202.

155 *Sie erinnern sich:* Vortrag, Leipzig, 10. Juli 1906, GA 94, S. 174–176.

VII. MEDITATIONEN

163 *Man kann sich in innerer Erkraftung:* Vom Menschenrätsel, GA 20, S. 161–165.

167 *Dann haben die meisten von uns:* Esoterische Stunde, München, 6. Juni 1907, GA 266/I, S. 230ff.

170 *Alles, was in einer esoterischen Stunde:* Esoterische Stunde, Berlin, 9. Oktober 1907, GA 266/I, S. 251 ff.

173 *Sieghafter Geist:* Meditationsworte, 20. September 1919, Mantrische Sprüche. Seelenübungen Band II, 1903–1925, GA 268, S. 73.

174 *Licht fühle ich um mich:* Für Georg-Moritz v. Sachsen-Altenburg, GA 268, S. 73.

175 *Ich trage Ruhe in mir:* Für Miriam Ege, GA 268, S. 179.

176 *Siebenwöchige Übung:* Für Eleanor Merry, 1923, GA 267, S. 452.

177 *Was ich spreche von meinem physischen Leib:* Für Ita Wegman, Oktober 1923, GA 268, S. 97.

178 *Ecce homo:* Für die Eurythmie, Stuttgart, Weihnachten 1919, Wahrspruchworte, GA 40, S. 140.